売れ続ける
仕組みづくり

～あなたの会社を３０年後につなぐ～

セブンスターズコンサルティング株式会社
代表取締役
佐々木篤史 Atushi Sasaki
共著
シニアコンサルタント
平野芳生 Yoshio Hirano

はじめに

悩める専業代理店のあなたへ

この本を手にされているとしたら、代理店経営に悩んでおられるかもしれませんね。いや、経営に悩んでいない順風満帆な経営者の方はいないと言っても過言ではありません。

今、日本の損害保険業界は3メガ損保と言われる大手3社で9割を占めるともいわれる寡占状態になって以降、**保険業界の方向性や業界内外における競争環境の動向いかんでは、今後あなたの代理店が生き残っていけるかどうか、まったく不透明な時代になっているのではないでしょうか？**

また、日本の人口は、国立社会保障・人口問題研究所によれば、今後40年間で3割減少すると予測されており、主力の自動車保険の市場は、高齢化や若者の車離れ、さらには自動運転の普及、そして、自動車を所有からシェアする時代への移行という流れがあることから、間違いなく縮小していきます。

しかし、損害保険業界が変化し市場が縮小するからといって、すべての専業代理店が不要になるわけではありません。消費者から支持され必要とされ、選ばれる存在になればいいのです。

特に保険商品は、一般の消費者から見れば複雑でよくわからない、万一のために加入しているが実際に使うことは滅多にない、しかも商品によっては高額な買い物なのに使い勝手がいいかどうか試してみることもできない、という不思議な商品なのです。

このような商品を購入する際には、安心して相談できる専門家がいれば助かります。どのような商品を買うかも大切ですが、誰に相談し誰から買うのかは、今もこれからも大切なポイントであると思います。たとえインターネットによる通販が普及しても、AIやIoTの普及によってなくなる職業があったとしても、保険商品（一部の簡易的な商品を除く）の場合のように、人と人との面談によって購入したいというニーズはなくならないのではないかと思います。

あなたの代理店が30年後にも生き残るために

では、安心して相談できる保険の専門家として、消費者から支持され必要とされる存在になるにはどうしたらいいのでしょうか。つまり、代理店経営の観点から見れば、いかに「売れ続ける仕組みづくり」をするかということです。

実は、それが本書のテーマです。

「売れ続ける仕組みづくり」は、３つの柱から成り立っています。

それは、「地域密着と差別化による販売戦略」「常にお客さまから相談がくる営業手法」「信頼関係を構築する営業スキル」の３つです。この３つが相互にかつ効果的に融合することにより相乗効果が発揮されます。

あなたの代理店が30年後も生き残るために、この「売れ続ける仕組みづくり」を、これから一緒に考えていきましょう。

売れ続ける仕組みづくり

目次

はじめに……3
悩める専業代理店のあなたへ……3
あなたの代理店が30年後にも生き残るために……5
第1章　専業代理店を取り巻く環境と経営課題……15
1　代理店を取り巻く環境は劇的に変化している……16
国内マーケットの縮小……16
販売チャネルの多様化と競争の激化……19
消費者意識の変化……22
お客さまから選ばれる代理店へ……24

2　専業代理店の経営課題……25
代理店経営に戦略はあるか？……25
他社との違いがあるのか？……27
営業生産性を高めるにはどうしたらいいのか？……29

第2章　「売れ続ける仕組みづくり」とは……33

1　戦略と戦術……34
保険代理店における戦略・戦術とは何か？……34
戦略と戦術が一体となって成果を生む……37

2　「売れ続ける仕組みづくり」の3本柱……39
「売れ続ける仕組みづくり」の原点……39
地域密着と差別化による【販売戦略】とは……41
常にお客さまから相談がくる【営業手法】とは……42
信頼関係を構築する【営業スキル】とは……44

第3章　地域密着と差別化による【販売戦略】……49
1　販売戦略を立てる前にやること……50
そもそも、自社のめざす姿を明確にする……50
自社の強み・弱みを知る……53
自社の顧客を分析する……57
自社の営業エリアは？　多種目化率は？　年齢別の割合は？……60
経営に関わる数値を把握する……67
2　【販売戦略】の基本となるランチェスター戦略とは何か？……70
ランチェスター戦略とは……70
ランチェスター法則……72
小が大に勝つ3つの原則……78
弱者の戦略、強者の戦略……80
弱者と強者の5大戦法……85

いかに差別化を図るか……97
ナンバーワン主義……101
3　ランチェスター戦略による代理店の【販売戦略】とは……104
経営資源を集中する＝一点集中主義……104
地域密着型営業＝局地戦……111
面談型営業を重視＝接近戦で差別化を図る（顧客接点の差別化）……113
めざすは地域ナンバーワン……115
第4章　常にお客さまから相談がくる【営業手法】……119
1　人がものを買うときの判断基準は？……120
人はなぜものを買うのでしょうか？……120
人は何を基準にものを買うのか？……122
信頼関係を構築するにはどうしたらいいのか……123
必要だと思ってもらうにはどうしたらいいのか？……124

見込客とは何？　この定義が営業活動を大きく変える……128
普通の人が普通にやってできる営業手法が必要……130

2 循環型セールス手法……132
「循環型セールス手法」とは……132
「循環型セールス手法」のプロセス……135
会社案内でお客さまに想いを伝える……140
お客さまの購買心理に基づいた情報提供が気づきをもたらす……145
《場の設定》で聞く耳を持っていただく……150
《終了の宣言》が継続訪問を可能にする……154
情報提供の2つの効果……160

3 「循環型セールス手法」で差別化を図る……165
「循環型セールス手法」で差別化を図る……165
お客さまとの定期的な接触が信頼関係を高める……167
「循環型セールス手法」が紹介の連鎖を生む……168

「循環型セールス手法」が担当替えを可能にする……171
プロセス管理で改善を図る……173
人材育成に効果を発揮する……177

第5章　信頼関係を構築する【営業スキル】……179

1　なぜ、営業スキルが必要なのか……180
軽視されてきたコミュニケーションスキル……180
そもそも人間の特性を知る……181
しゃべる営業から聴く営業へ……185

2　信頼関係を構築する【営業スキル】……187
商談におけるコミュニケーションサイクル……187
質問のスキル……188
ラポールの構築……191
傾聴（共感）のスキル……194

座る位置でコミュニケーションは変わる …… 199
物理的距離を意識してコミュニケーションを図る …… 201
聴く営業が成果を上げる …… 204
第6章 「売れ続ける仕組みづくり」があなたの会社を30年後につなぐ …… 207
存続させるという強い意志を持つ …… 208
変化の適応者になるために …… 209
おわりに …… 212

第1章　専業代理店を取り巻く環境と経営課題

1　代理店を取り巻く環境は劇的に変化している

国内マーケットの縮小

国立社会保障・人口問題研究所が平成29年（２０１７）７月に発表した「日本の将来推計人口（平成29年推計）」によれば、1億２７０９万人（平成27年国勢調査）であった日本の総人口は、２０５３年に1億人を割って９９２４万人となり、２０６５年には８８０８万人になるものと推計されています。（出生中位・死亡中位の場合）。これは平成27年（２０１５）に比べて3割減少するというものです。

また、年齢3区分である年少人口（0～14歳）、生産年齢人口（15～64歳）、老年人口（65歳以上）の別に見ていくと、生産年齢人口はすでに平成7年（１９９５）をピーク（８７２６万人）に減少に転じており、平成27年（２０１５）には７７２８万人、さらに２０６５年には、４５２９万人になると推計されています（出生中位・死亡中位の場合）。

つまり、日本経済を担う働き手である**生産年齢人口は、２０６５年にはピーク時の半分以下になってしまう**という恐ろしい状態が予測されているのです。しかもこれはほぼ全国どの地域でも同じ傾向であり、自分が住んでいる地域だけは例外だ、とは言えないのです。

また、日本の経済を支えている中

総人口の推移（出生中位・死亡中位推計）

年	人口推移	2015 年（平成 27 年）対比　減少割合
2015 年	1 億 2, 710 万人	―
2040 年	1 億 1, 092 万人	12. 7% 減
2060 年	9, 284 万人	27. 0% 減
2065 年	8, 808 万人	30. 7% 減

生産年齢（15 歳～ 64 歳）人口の推移（出生中位・死亡中位推計）

年	人口推移	2015 年（平成 27 年）対比　減少割合
2015 年	7, 728 万人	―
2040 年	5, 978 万人	22. 6% 減
2060 年	4, 793 万人	38. 0% 減
2065 年	4, 529 万人	41. 4% 減

＊千単位は四捨五入

※ 国立社会保障・人口問題研究所「日本の将来推計人口（平成 29 年推計）」より引用

小企業の数は平成11年（1999）に483万7千社でしたが、平成12年（2000）まで、毎年平均13万5千社ずつ減少を続け、その後は減少ペースが緩やかになりましたが、それでも平成26年（2014）には380万9千社となっています。15年間で102万8千社、なんと21％も減少しています。（※2016年中小企業白書より）

つまり、**過去において人口の増加とともに拡大してきたマーケットは、間違いなく縮小に向かっており、単純に人口に比例すると仮定すれば、今から50年後には7割の市場になってしまう**のです。

日々の営業活動の中では、その変化は実感しづらいものですが、間違いなく、われわれはゆでガエルの状態におかれていると言えるのです。その解決策として、日本が移民を受け入れるとしても、日本の人口問題を解決するには及ばないのではないでしょうか？

販売チャネルの多様化と競争の激化

例えば、損害保険の主力商品のひとつである自動車保険は、これまで専業代理店をはじめとして、自動車ディーラーや整備工場などの自動車関連代理店を中心に販売されてきました。

そうした保険の代理店数は平成8年（１９９６）に生保系損保会社が誕生した際に、前年の47万6千店から一挙に62万3千店に30％以上増えたものの、その後は減り続け、平成29年（２０１７）現在は、18万7千店とピーク時の3分の１以下になっています。

募集従事者数は、やはり平成13年（２００１）に銀行窓販が解禁となった際に、前年の１１４万5千人から一挙に１５７万5千人に38％増え、その後、増え続けて、平成22年（２０１０）に２１７万3千人のピークとなり、その後、若干減少したものの、それでも平成29年（２０１７）現在、２０７万3千人となっています。（※日本損害

保険協会の統計データより）

このような状況で見逃せないのは販売チャネルの多様化です。平成13年（2001）4月に銀行窓販が解禁（第1次）になり、その後、段階的に取り扱いが可能な商品を増やし、平成19年（2007）12月に全面解禁となりました。

また、大型の来店型ショップは、平成11年（1999）に初めて登場して以来、現在では上位5社だけでも1200店以上を展開し、市場規模は2000億円を超えると言われています。

さらに、ダイレクト型自動車保険を中心としたインターネット通販もじわりじわりとシェアを伸ばし、日本の自動車保険市場におけるダイレクト型自動車保険のシェアは、約10％と言われています。保険料の安さに加え、インターネット上での加入手続きの利便性や事故対応サービスの向上を武器に引き続きシェアを広げていくでしょう。

昨今、携帯電話ショップや薬局、家電量販店でも保険販売を開始する動きが拡大し、さらには、インシュアテック／ＩｏＴ（インターネット・オブ・シングス）をビジネスチャンスと捉え、携帯通信会社、ＳＮＳ運営会社、インターネット通販の総合ショッピングモール運営会社などのＩＴ業界の雄《ゆう》が保険会社を買収したり、保険会社への出資をしたりと、保険流通のあり方が大きく変化しつつあります。

マーケットから見た場合に、保険のプロとしての専門家が専門家としてお客さまにしっかり認知されてないと、専業代理店の存在意義は問われかねない状況になると危機感を持っています。

一方で、保険会社が代理店向けに提供する最新のテクノロジーを専業代理店こそが先進的に使いこなし、お客さま満足度を高めるとともに生産性の向上を図る意味においても、積極的に自社の経営の差別化要素として取り入れていくことが必要であると思います。

消費者意識の変化

このような現状の中で、われわれが最も目を向けなければならないのは、消費者意識の変化です。

この世の中にまだインターネットがなかった時代、商談の主導権を握っていたのは販売側でした。どんな商品があるのか、適正な価格がいくらなのか、情報を入手することが困難であった時代においては、一方的な商品の売り込みで、応酬話法を使ってお客さまを説得し加入していただく、ということも通用したかもしれません。

しかし、今や購入の主導権を握っているのはお客さまなのです。

インターネットを通じて、どんな商品があって値段はいくらなのか、どこで売っているのか、その評判はどうなのか、すべて自分で情報をいくらでも入手できます。

さらに最近の消費者はますます売り込みを嫌う傾向が強くなっています。消費者は、様々な情報を元に、自分にあった商品を自分で選びたいのです。そしてその際には、親身になって考えてくれる、信頼できる相談相手を求めているのです。従って、昔ながらの商品売込型のセールスはまったく通用しない時代になっているのです。

「国民生活基礎調査」（厚生労働省）による日本の世帯所得金額では、１９９３年と１９９５年の５５０万円を頂点に低下しており、２０１６年では４４２万円と１９８０年代半ばの水準に逆戻りをしているのです。こうしたことを踏まえると、お客さまの「お得で良いものを納得して購入したい」という消費者心理が一層高まっていることが分かります。

そして現代は、心の時代とも言われ、お客さまに気持ち良く購買活動をしていただくためにそのサービスレベルは日々高まりを見せ、お客さまの「承諾」を取りながら接客を進めるのが当然のようになっています。

保険の販売活動においても同じように接客のあり方を他のサービス業の水準に合せていくことも、大切な観点ではないでしょうか？

お客さまから選ばれる代理店へ

このような時代にあって、専業代理店はどうしたらいいのでしょうか。

お客さまは、どんな保険に入るかよりも、まずどこで入るかを考えています。どこで入るかを考えたときに、あなたの代理店がお客さまの頭の中に一番に浮かばなければアウトです。

一度契約してくれたお客さまの9割以上の方が1年後にまた購入（継続）してくれるという、一般的な販売業では考えられない類まれなリピート率を誇る代理店業態に、安心しきっていないでしょうか。お客さまは本当に満足してあなたの代理店に加入しているのでしょうか。本当は、どこか良い代理店があったら替えたいと思っている人も多いのではないでしょうか。

購入の主導権はお客さまが握っているということを改めて考え、お客さまから選ばれるためにどうしたらいいかを真剣に考える必要があります。

2　専業代理店の経営課題

代理店経営に戦略はあるか？

代理店経営においては少なくとも営業数字に関する目標値は必要不可欠です。例えば、今年度の営業成績や売上高（手数料）、種目別の新規契約獲得件数などがこれにあたります。また目標値を設定して、それを営業パーソンの頭数で割って、一人当たりの目標はいくら、という場合もあるでしょう。しかし、これらの目標を達成するための戦略はあるのでしょうか。

生命保険に力を入れるとか、法人開拓を進めるなどというのは戦略ではありません。これはあくまでも方針の域を出ないものです。

例えば、生命保険に力を入れるというのであれば、どの地域の、どんな層のお客さまにアプローチするのか。またその対象のお客さまはどれくらい存在し、その中からどれくらいのお客さまに契約していただくのかを考慮することが戦略になります。

法人開拓であれば、どの地域の、どんな業種の、どれくらいの規模の法人を対象にするのか。またその対象となる法人はどれくらい存在し、どのような方法でアプローチするのかという進むべき方向性が戦略になります。

戦略とは、あくまで、競争に勝つための筋書き、シナリオです。

従来の代理店は営業パーソン個人の営業力に頼ってきた傾向が強いため、組織として明確な戦略を持ってやってきたところは意外と少ないのではないでしょうか。

また、どの地域にどれくらいのお客さまがいるのか、お客さまの年齢層の分布はどうなっているのか、顧客あたりの手数料単価はいくらなのか、2種目以上加入しているお客さまの割合はどれくらいなのか、営業パーソンの移動時間や面談時間はどれくらいなのかなど、これらの数値を正確に把握して、戦略づくりに活用しているケースが意外にも少ないことも事実です。こうした商圏分析や顧客分析のデータは戦略を立てるうえで必要不可欠なはずです。数値をつかんでいないから戦略の立てようもないのかもしれません。ひょっとしたら、つかんでいるけれど、いつの間にか、根強く残る保険業界の商品販売戦略の渦に巻き込まれているのかもしれません。

企業が発展していくためには、目標を達成するためのシナリオ（筋書き）である戦略が必要です。しかも成長していくためのシナリオですから、中長期の視点で考えなければなりません。毎年、戦略が変わっていたのでは、成長は見込めません。

他社との違いがあるのか？

お客さまが、多くの販売チャネルや多くの保険代理店の中から一定の代理店を選ぶ場合、選ぶための理由があるはずです。代理店の立場からすれば、お客さまから選ばれるための特徴が必要になります。

お客さまから選ばれるための特徴とは差別化です。差別化とは自然にできるものではありません。また、何か奇をてらったことをすることでもありません。差別化とは攻めの戦略であり、他社の質を相対的に上回ることです。自社の戦略として、ある一定の領域で意図的に他社の質を上回ることが必要です。

では、どのような分野で他社の質を上回ったらいいのでしょうか。メーカーである保険会社から提供される保険商品を販売するというビジネスモデルである以上、自社に決定権がない商品内容や価格（保険料）といったことで差別化を図ることはなかなか難しいと言えます。このような立場にある代理店として差別化を図るうえで、最低限押さえておくべき視点は、次の３つです。

①自社の存在意義と事業領域を明確にする。経営理念・経営ビジョンをお客さまに発信し自社のブランド化を図る

②営業エリア（地域・商圏）を絞り、対象とする客層を明確にする

③他社と異なる、お客さまの立場に立った営業手法・営業スキルを実践する

これらの視点で他社を上回ることができれば差別化の基礎づくりが可能になります。

これからは、代理店経営は、「共存から競争」もしくは、「共存から共創」の時代に突入します。いずれにしても、お客さまから選ばれる理由がないと話になりません。

営業生産性を高めるにはどうしたらいいのか？

代理店経営として今後欠かせない経営指標は営業生産性です。営業生産性とは、営業パーソン一人当たりの売上高（手数料収入）、及び事務担当者も含めた社員全員で見た場合の一人当たりの売上高（手数料収入）のことです。

この売上高ですが、人材育成やインフラ整備への継続的な投資などをしていくこと

を考慮すると、営業パーソン一人当たり年間2000万円、社員全員一人当たり年間1300万円は欲しいところです。

お客さまと面談をしてご契約手続きをするという営業スタイルにおいては、いかに面談時間を多く確保するかが重要になります。どんなに優秀な営業パーソンであっても1日に100件のお客さまとの面談は不可能です。しかし例えば、現在1日5件の面談数を、6件もしくは7件に引き上げることは可能です。1件多くなっただけでも、20％生産性が上がったことになり、営業活動量が増えることによって、売上高を引き上げることにつながります。


ではどうやって引き上げたらいいのでしょうか。1件あたりの面談時間を短縮するのでしょうか。そんなことをしてサービスの質を低下させたら逆効果です。まずは移動時間を減らすことを考えましょう。

移動時間を減らすには営業エリアを明確にする必要があります。

当社の調査によれば、一般的な専業代理店の事例を見た場合、事務所から30分圏内に60％のお客さまがいます。しかし、40％のお客さまはそれより遠方の地域に存在しています。例えば、年間保険料５万円の自動車保険の更改手続きに片道1時間かけて訪問営業をしているといったケースもあります。また営業パーソンに聞くと1日の半分以上の時間は車で移動しているという声もあります。これでは生産性が上がりません。

まず、自社のお客さまがどの地域にどれくらい存在しているのかを分析したうえで、戦略的に重点エリアを決めることによって、移動時間を減らし、面談時間・面談件数を増やすことが必要です。

営業生産性を高めるための切り口として、面談時間・面談件数を増やすことが重要なポイントになります。そのためには、営業エリア（商圏）の明確化、次に重点地域の決定、最後にその重点地域に戦力を集中化するという手順で考えます。

もうひとつ、営業生産性を高めるうえで重要な観点は、お客さまの契約単価（多種目化を含む）です。個人のお客さまを家族・世帯単位でお守りする、法人のお客さまをそこで働く社員や取引先等も含めて全体をお守りするという概念を前提に、それを実践できる営業活動に切り替えていくことが肝要です。

こちらが売りたいと考えている単体の商品を販売するという視点だけで営業活動をしていると、いつまでたってもお客さまごとの契約単価はなかなか高くならないのではないでしょうか。

第2章　「売れ続ける仕組みづくり」とは

1　戦略と戦術

保険代理店における戦略・戦術とは何か？

企業が発展していくためには経営計画が必要です。経営計画とは、自社が3年後、5年後、10年後、どんな会社になっていたいのか「めざす姿」（ビジョン）を達成するための「道筋」を表したものです。そしてそこには、必ず目標とする数値があるはずです。

その目標とする数値をどうやって達成していくのか、現状とのギャップをどのような手段で埋めるのか、経営ビジョンを実現していくための手段（作戦）が「戦略」であり、その具体的な方法が「戦術」になります。つまり、目標を達成するためには「戦略」と「戦術」は必要不可欠なのです。

しかし目標数値の設定に留まっている代理店がまだまだ多いのではないでしょう

か。さらに、営業パーソンの個人の営業力に頼っているのが現状です。しかも、一番成績を挙げているのは社長本人といったケースも少なくありません。

では、保険代理店における「戦略」「戦術」とはいったい何でしょうか。

「戦略」とは一般的に「戦術」に対する上位概念であり、競合する他社が数多く存在する市場において、いかに自社が優位に立って勝っていくのか、その勝ち方の具体的な計画や方法・作戦といったものです。

例えば、法人のお客さまから年間10件の新規のご契約を獲得するという目標があったとすれば、まずそれはすでに何らかのご契約をいただいている既存の法人のお客さまを対象にするのか、あるいはまだ取引のない新規の法人のお客さまを新たに開拓するのか、２通りの方法があるはずです。既存のお客さまであれば具体的に何らかの基準にもとづいてアプローチ先を選定する必要があります。また新規の開拓であれば、どの地域の、どんな業種の、どれくらいの規模の法人を対象にするのか。またその法人にどのような方法でアプローチするのかといった具体的な作戦が戦略になります。

一方、「戦術」は「戦略」に対して下位概念と言われており、「戦略」をどのように実行していくかという具体的な方法になります。

前述の例で言えば、法人にアプローチする場合に、どんな営業ツールを使うのか、その営業ツールを使ってどのようなトークをするのかなどが、それにあたります。つまり「戦術」は「戦略」を実行に移すための具体的に目に見える行動の方法ということが言えます。

また、すでに何らかのご契約をいただいている法人の既存のお客さまに対する場合と、まだ取引のないお客さまを新たに開拓する場合では、「戦

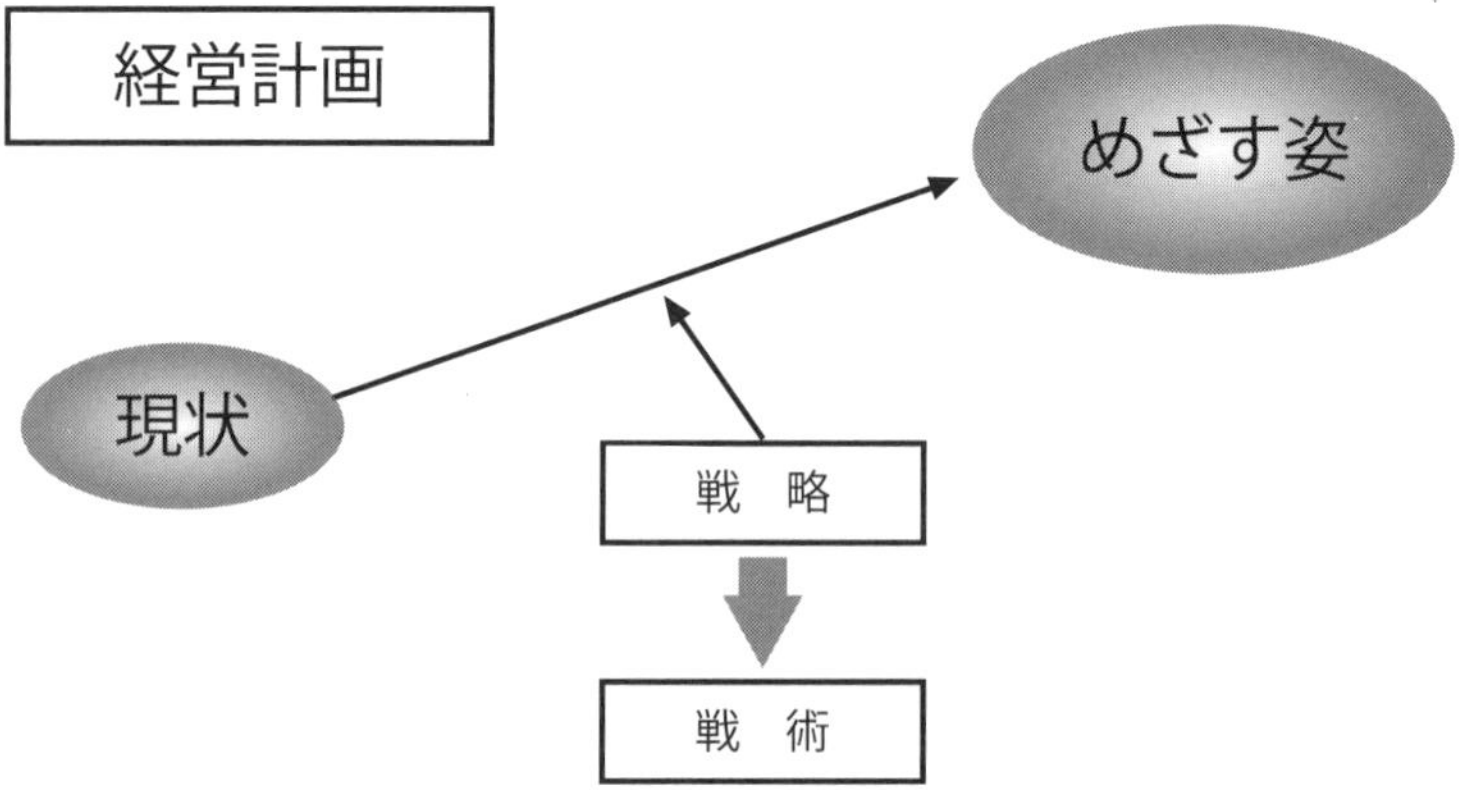

術」は異なってきます。

例えば、新規開拓の場合であれば、飛び込みなのかテレアポなのか。テレアポであればどんなトークにするのか。訪問のアポイントが取れて面談するときは、どんなツールを使って何の話をするのかということになります。

さらに同じ新規開拓であっても、業種によって使うツールや訪問の切り口が違ってくる場合もあります。従って、ひとつの「戦略」に対して複数の「戦術」が存在することも多くあります。

戦略と戦術が一体となって成果を生む

このように「戦略」と「戦術」は一貫性を持って、かつ一体となって運営されることによって、はじめて効果を発揮します。

いくら「戦略」が良くてもそれを実行する「戦術」がなければ意味がありません。

また「戦術」が良くても「戦略」が悪ければ勝つことはできません。

また、行き当たりばったりの思いつきの内容ではうまくいきません。企業の成長を支える「要」となるものですから、特に「戦略」は3年、5年、10年といった中長期的な視野を持って考える必要があります。

これらの企業の成長を支える「要」となる「戦略」と「戦術」が、「売れ続ける仕組みづくり」を構築していきます。まず中心となる「戦略」は、「ランチェスター戦略」に基づく「地域密着と差別化による販売戦略」です。そして、その「戦略」を実行に移すための「戦術」として、「常にお客さまから相談がくる営業手法」「信頼関係を構築する営業スキル」があります。この3つが相互にかつ効果的に融合することにより相乗効果が発揮されます。

2 「売れ続ける仕組みづくり」の3本柱

「売れ続ける仕組みづくり」の原点

営業パーソンの活動の視点から見た場合、成果は「活動の量×活動の質」で成り立っています。従って、私たちが発展していくためには、継続的にこの成果を高めていかなければなりません。

しかし、今までと同じ行動を続けていれば、成果も今までと同じことになります。今まで以上に成果を高めるためには、今までと違う、異なる行動をとらなければなりません。では、今までと異なる行動とは何でしょう。

まず考えられるのは、活動の量を増やすことです。量とは「面談時間」と「面談件数」です。つまりお客さまと直に接する時間と件数をいかに増やすかということです。

しかしこれは、今まで以上に朝から夜中まで働いて増やすという意味ではありません。「働き方改革」が必要な昨今、決められた労働時間内で「面談時間」「面談件数」を増やす必要があります。ではどうしたらいいのでしょうか。

最も効果的な方法としては、自社の商圏を見直して移動時間を減らすということが考えられます。これは実に重要なことで、自社の「販売戦略」に直結することです。

また、1日の限られた時間の中で、増やす量には限界があります。

そこで考えられるもうひとつの方法は、活動の質を高めることです。質とは「営業手法」と「営業スキル」です。お客さまとの面談時間において、同じ時間を使っていてもその中身によって成果は大きく違ってきます。活動の質を高める観点には、次の図の記載にあるように各種ありますが、本書では「営業手法」、「営業スキル」に焦点を当てて解説します。

「売れ続ける仕組みづくり」は、**この営業パーソンの営業活動がいかにあるべきか**を原点として、代理店がとるべき「販売戦略」は何か、「販売戦略」を実行するための「営業手法」と「営業スキル」はどうあるべきかを、理論と実務、戦略と戦術とし

成果＝活動の量×活動の質

《活動の量》

⑴　１日当たりの面談回数×面談時間
⑵　１顧客当たりの面談回数×面談時間
⑶　活動量の管理

《活動の質》

⑴　活動内容、営業方針
⑵　営業プロセス、営業手法
⑶　営業スキル、モチベーション
⑷　戦略的思考、情報収集・情報活用力、顧客管理力

てご紹介していきます。

地域密着と差別化による【販売戦略】とは

まず「売れ続ける仕組みづくり」の中心となるのが戦略です。この戦略は、「ランチェスター戦略」に基づいて自社独自の差別化した販売戦略を立案します。

この戦略の基本となるのは、限られた経営資源をどこに集中させるかです。最初に、自社の強み・弱み、競合他社、自社の顧客等を分析したうえで、重点営業エリアを決めます。と同時に、他社との差別化を図る戦略を立て

ます。これによって、営業の生産性を大幅にアップするとともに、自社のブランドを構築することが可能になります。

「ランチェスター戦略」は、1972年に田岡信夫氏が発表した日本における販売戦略のバイブルと呼ばれているものです。詳しくは第3章でご紹介していきます。

常にお客さまから相談がくる【営業手法】とは

販売戦略を実行に移すための「戦術」のひとつが営業手法です。

あなたの営業手法は、「狩猟型」でしょうか？　それとも「農耕型」でしょうか？

「狩猟型」とは、買ってくれそうな人を探して商品を売り込むスタイルです。ここで活躍するのは応酬・説得話法です。商談の主役はあなたです。商品の良さを並べ立て、さあ買ってください。そんなスタイルになります。

しかし、実はこの「狩猟型」の営業スタイルは高度なセールス手法です。しかも、これをやるとお客さまからイヤな顔をされるだけでなく、多くの場合、営業パーソン自身もイヤな思いをします。なぜなら、商品の売り込みというお客さまが最も嫌うことをやるのですから。

しかし、残念ながらいまだに多くの営業パーソンが結果的にはこの方法、もしくは近い方法をやってしまっています。

では、どうしたらいいのでしょうか。

この多くの営業パーソンがやっている商品売込型営業と異なる手法、反対の手法を行えばお客さまから喜ばれ、マーケットを広げていくことができます。そして、それが大きな差別化になります。つまり、お客さまとの接点の差別化を図るわけです。お客さまの営業パーソンに対するイメージをくつがえすのです。

その差別化を図ることができ、かつお客さまから喜ばれる手法とは「循環型セールス手法」です。

「循環型セールス手法」とは、売り込みをせずにお客さまにお役に立つ情報を提供しながら良い人間関係を結び、マーケットを広げていく「農耕型」のセールスモデルです。その中で興味を持ったお客さまとは商談に入ります。お客さま自身の選択を大切にし、途切れることのない循環の輪をつくりだしていくのが、循環型のセールスモデルです。言い換えれば、循環型のマーケティング手法とも言えます。

そして基本となるのは、お客さまの立場に立ったコンサルティング型の営業です。お客さまの抱えている課題を、われわれの販売する商品で解決する。解決策としてお客さまは商品を購入する。われわれは解決の対価を保険料として受け取る。これがコンサルティング型の営業スタイルです。

信頼関係を構築する【営業スキル】とは

販売戦略を実行に移すための２つ目の「戦術」が営業スキルです。営業スキルとは、営業手法を実践するための効果的なコミュニケーションスキルです。いくら効果的な営業手法があっても、それを実践することができるコミュニケーションスキルがないと成果は望めません。

「今さらコミュニケーションスキルなんて⁉」と思われる方もいるかもしれません。しかし、多くの営業パーソンは商品を説明することは上手にできても、そもそも感情の動物でもある人間の心理に基づいてお客さまとの信頼関係を構築できるコミュニケーションを、自然と実践することはできません。それができるのは、トップセールスと言われる上位２割の人だけです。

では、この上位２割の人しかできていないハイレベルなコミュニケーションスキルを習得しないといけないのでしょうか。いや、そんなことはありません。きちんとお客さまの購買心理を学習して、それに基づいたコミュニケーションのルールを習得し、

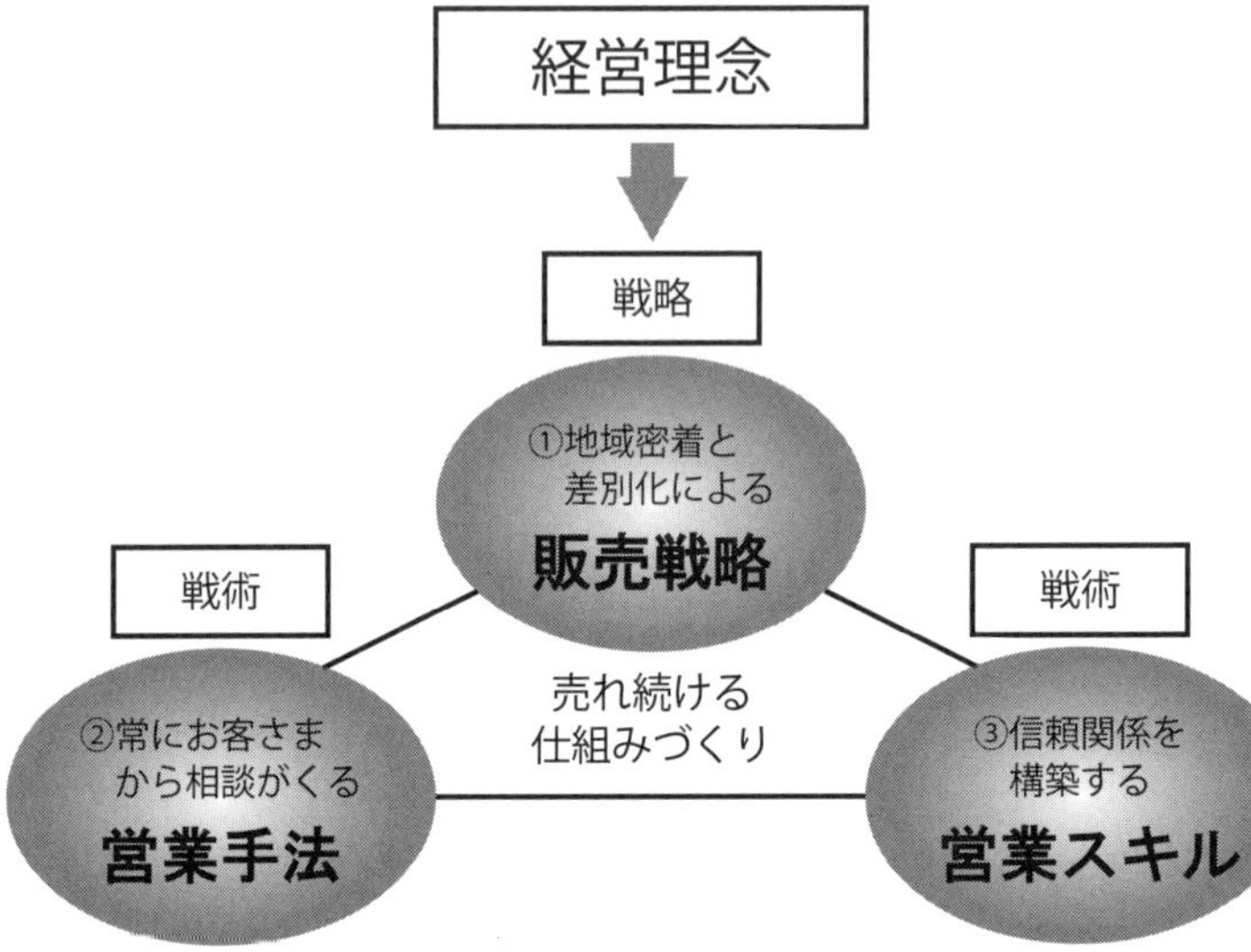

トレーニングをすれば誰でも実践することが可能になります。一番大切なことは、「知っている」と「できる」は違うということ。「できる」状態になることが大切なのです。

繰り返しますが、「売れ続ける仕組みづくり」とは、「戦略」と「戦術」によって構成されています。それは「ランチェスター戦略」に基づく「地域密着と差別化による販売戦略」、そして、その「戦略」を実行に移すための「戦術」として、「常にお客さまから相談がくる営業手法」「信頼関係を構築する営業スキル」があります。

この３つが一貫性のあるシナリオを持って、かつ一体となって運営されることによってはじめて効果を発揮します

第３章では、まず「地域密着と差別化による【販売戦略】」を詳しく見ていくことにしましょう。

第3章　地域密着と差別化による【販売戦略】

1　販売戦略を立てる前にやること

そもそも、自社のめざす姿を明確にする

あなたの代理店には経営計画があると思います。まず、その経営計画を開いてみてください。もし、経営計画を作っていない場合は、ご安心ください。これからご案内する順番に作っていけば、あなたの代理店の経営計画が完成します。

まず、自社のめざす姿は明確になっているでしょうか。自社のめざす姿とは、

①経営理念・経営ビジョン
②5年後、10年後、30年後のあるべき姿

です。

ひと昔前に比べると、ホームページを公開している代理店も多くなってきました。それにともない「経営理念もちゃんとしなきゃ」ということで、同時に会社案内を作成している代理店も見られるようになってきました。大変素晴らしいことだと思います。しかし、経営理念は「作って、額に入れて、事務所に飾って終わり」になっていないでしょうか。

経営理念とは、代理店自身が自らの経営のめざす姿を明らかにして定めたもの、組織の存在意義や使命を、普遍的な形で表した基本的価値の表明です。何のために代理店という事業を営むのか（存在意義・使命）、お客さまに対してどのような代理店になるのか、地域社会に対してどのように貢献するのか、保険業界の中でどのような代理店になるのか、といったことを広く世の中に表明し、その方向に向かって組織がベクトルを合わせて発展していくための重要なものです。

そして、経営理念・経営ビジョンは単に作っておしまいではありません。広く地域社会やお客さまに知っていただくことに意義があり、それによって自社の存在価値が向上しブランドが醸成されます。

さらに社内的には、この経営理念・経営ビジョンは社員が迷ったときの判断基準になるとともに、組織の進むべき方向が明確になることによって効率的かつ効果的な行動ができるようになります。そしてこれらの統一のとれた一貫性のある行動が何度も繰り返されることによって、お客さまの心の中に代理店のブランドが醸成されていくのです。まさしくこれが差別化です。

差別化とは攻めの戦略であり、ある一定の領域で意図的に他社の質を相対的に上回ることです。お客さまの心の中にある代理店に対するブランドという領域において、あなたの代理店が特別な存在になることが可能になるのです。

次に、5年後、10年後、30年後のめざす姿は明確になっているでしょうか。そんな先の話を今から計画したって無駄だ、と思う方もいるかもしれません。イチロー選手の夢の叶え方の３つのポイントのひとつに、「夢・理想は大きく持ち、目標は手が届くところに設定し日々実行する」というのがあるそうです。夢を描かない限り、その夢を実現することは不可能なのです。私たちも、長期的にめざす姿（夢）を明確にして、それを実現するための短期的計画を日々実行していく、ということが大切なのではないでしょうか。

自社の強み・弱みを知る

あなたの代理店の強みは何でしょうか？　と聞かれてすぐに答えることができるでしょうか。

う〜ん、と少し考えてから

「事故処理に定評があることかな〜」

「永いお付き合いのお客さまが多いことかな〜」

「お客さまとの信頼関係があることかな～」
と答える方もいるかもしれません。

保険代理店である以上、事故処理が苦手であっては困ります。だからすべての代理店が得意と答えるでしょう。また、1年間に自動車事故を起こすお客さまは一般的に1割程度です。何年間も事故を起こさないお客さまも多くいます。であれば、この「事故処理に定評がある」という自社の強みを実感していただける機会はほとんどないと言っても過言ではありません。従って、これは強みとしてアピールしても、お客さまが実際に「安心」を体験していただく機会が少ないことから、残念ながら決定的な強みとしては、少しインパクトに欠けるかもしれません。

お客さまとの付き合いが永いならば、契約していただいている年数がどれくらいでその比率はどうなのか、またその年数の平均は何年なのか、といったデータが必要です。そしてそれが他社に比べて永いなら、強みと言うことができるでしょう。むしろ大事なことは、なぜ、永いお付き合いをしてくれているのか、その要因自体が真の強みだと言えます。

従って、販売戦略を立てるとしたら、もう少しきちんと自社の分析をしたほうがよいでしょう。

定量的なデータとしては、まず自社のお客さまの状態を知ることが必要です。これは、次の項で詳しく見ていきます。

また、定性的な項目も重要なことです。

例えば、お客さまはなぜ、当社と契約してくれているのか、どこを気に入ってくれているのか、といったことは数値として表せないまさしく定性的な自社の強みです。これは先ほどの「付き合いが永い」ということの裏付けになるかもしれません。

そしてこれらは、お客さまに定期的にアンケートを行うなどして、把握しておくことをお勧めします。自分たちは強みだと思っていたことも、お客さまから見たら魅力ではなかったり、逆に大して気にしていなかったことが強みや弱みだったり。内側か

SWOT分析をしてみよう

自社が有する内部環境【強み（Strengths)】【弱み（Weaknesses)】と、自社を取り巻く外部環境【機会（Opportunities)】【脅威（Threats)】の４つに焦点を当てて分析する。

	内部環境	外部環境
プラス面	強み 経営資源上、競争相手よりも勝っている点（自社の強み）	機会 うまく活用すれば業績が拡大する外部環境の変化（チャンス）
マイナス面	経営資源上、競争相手よりも劣っている点（自社の弱み） 弱み	そのまま放置すると業績が悪化する外部環境の変化（リスク） 脅威

経営課題を明確にする（強化策・改善策）

らだけでは目に見えない、気づいていない強み・弱みを発見することができます。また強み・弱みは、競争相手と比較した相対的なものを言います。従って自社の強みだと思っていても、その要素が競争相手の方が勝っていれば強みになりません。

　自社の強み・弱みがわかったら、弱みは時間をかけて少しずつ改善していくことが必要です。大事なことは自社の強みをさらに圧倒的な強みになるまで尖らせていくこと、そして、その強みを戦略に反映させていくことです。本当に「付き合いの永いお客さまが多い」ことが強みだとしたら、例

SWOT分析を踏まえた営業戦略の方向性を検討！

分析	検討シナリオ
①強み×機会	強みを活用してチャンスをつかむための施策は？
②強み×脅威	強みを活用して脅威をチャンスにする差別化は？
③弱み×機会	弱みを補い、チャンスにしていくための施策は？
④弱み×脅威	弱みよる最悪の状態を回避するには？

3つの視点から検討
1. 自社認識
2. 他社比較
3. 顧客目線

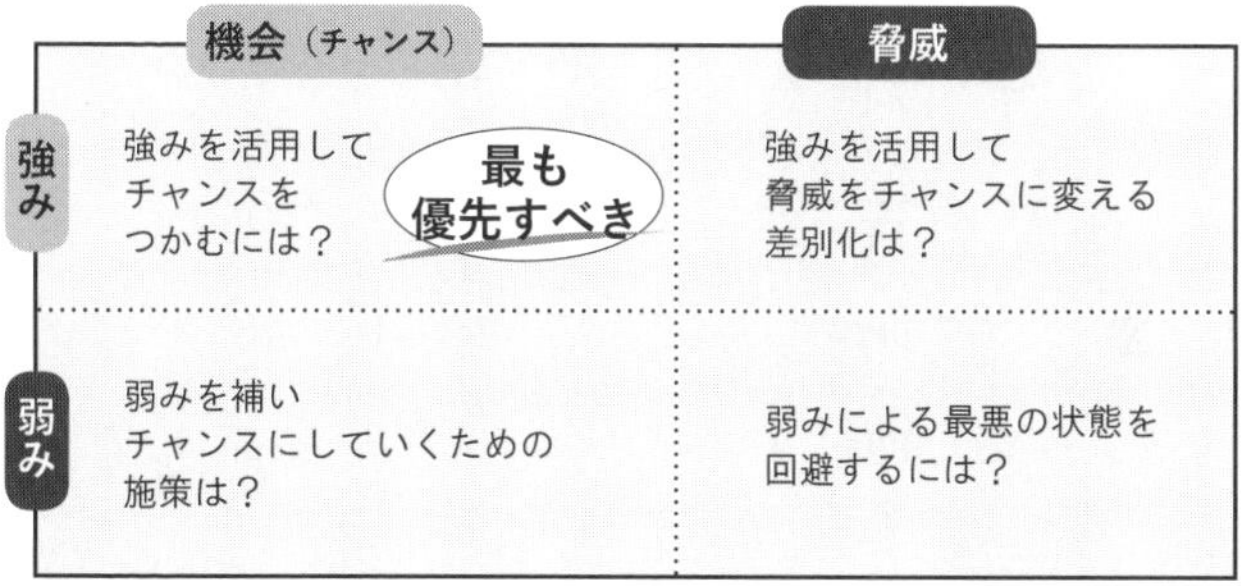

えば10年以上ご契約いただいているお客さまには重点的にお知り合いのお客さまを紹介していただくことを依頼するといった戦略も考えられるかもしれません。

戦略を立てるには、自社の強み・弱みをできるだけ詳細に知ることが必要なのです。

自社の顧客を分析する

「営業成績を上げること」イコール「新たなお客さまを白地開拓すること」と思っている方も多いかもしれません。

確かに、まだ取引のないお客さまを新たに開拓していくことも重要ですが、白地の新規開拓には多くの時間と労力がかかります。白地の新規開拓と既存顧客の深耕にかかる労力の比率は、5対1ともいわれており、まずは、すでに取引のあるお客さま（既存顧客）の深耕を図りながら紹介活動につなげていくことのほうが効率的です。既存顧客は宝の山なのですから、徹底的に自社のお客さまの分析をしましょう。

自社の顧客を分析し、その実態を把握することは、次項で紹介する「ランチェスター戦略」に基づいた販売戦略を立てるうえで必要不可欠なことです。

一般的には、保険会社から定期的に提供される代理店成績表といった類のデータを活用している代理店は多いでしょう。しかし、これに記載されていることは、営業成績や手数料、新規契約の獲得額、前年と比較した場合の増減などが中心であって、自社の顧客の状況を表しているデータは比較的少ない、もしくは、データ提供を受けていてもじっくりと確認し活用しきれていないということもあるのではないでしょうか？

では、販売戦略を立てるために、自社の顧客に関してどのようなデータがあったらいいでしょうか。主なものを挙げると次のようになります。

①個人・法人別の総顧客数
②個人顧客の男女別・年齢別の件数
③法人顧客の業種・企業規模（売上高・従業員数等）
④所在地（住所）別の顧客
⑤1種目のみ、及び2種目以上加入していただいている顧客の割合（多種目化率）
⑥個人・法人別の種目別の契約単価（1契約当たりの単価）、顧客単価（1顧客当たりの単価）
⑦個人世帯ごとの加入状況一覧、法人・法人グループごとの加入状況一覧
⑧種目別の継続率
⑨契約年数（継続して何年契約していただいているのか）
⑩新規契約の出所（新規契約はどこからいただいているのか）
⑪自社の魅力（顧客は自社のどこに魅力を感じて加入してくれているのか）

その他にもいろいろあるかもしれません。これらの項目はあくまでも一般的な事例です。大事なことは、自社の戦略を立てるうえでどんなデータがあったらいいのか、自社で考えることです。また、現状ではすぐに手に入らないデータも数多くあるのが現実です。今、入手できないからこのデータを調べるのは無理だと言ってしまったら、永遠に入手することはできません。今後、このデータを入手するためには、どんな方法をとったらいいのか中期的に考えていくことが必要ですし、パートナーである保険会社に相談をしてみることも一策ではないでしょうか。

入手できないからあきらめるのではなく、まずあるデータからどこまで分析できるかを考えてやってみることが重要です。そして、この結果を自社の販売戦略を立てる際に反映させていきます。

自社の営業エリアは？　多種目化率は？　年齢別の割合は？

前項で自社の顧客分析をした結果、様々なことが見えてくるはずです。中には「うちのお客さまってこんなんだったんだ」とその実態に驚かれる場合もあるかもしれません。今までいかに自社の実態を把握していなかったかが分かるはずです。

これらの多くの分析の中でも、要となる３つの項目を見ていきましょう。

ひとつ目は、自社の営業エリアの分析です。

お客さまの所在地（住所）を分析することによって、どこにどれくらいのお客さまがいるか、所在地別の顧客の数がわかるはずです。大事なのはここからです。

①どの地域に多く（少なく）いるのか

できれば大きな地図にすべてのお客さまをプロットしてみれば、もっとよく分かります。プロットが多くあるエリアがあれば、なぜ、そこに多くのお客さまがいるのか要因を考えてみてください。自社の強みを見つけられるかもしれません。

またお客さまが多くいるエリアは、効率的に営業活動ができる可能性がありますので、販売戦略を立てるうえで参考になります。反対にお客さまが少ないエリアについては、今後どう攻略もしくは効率化していくのかを考えていく必要があります。

エリアの特性と比較をしてみることも重要です。世帯年収が高いエリアではお客さまは多いのか少ないのか、平均年齢が低いエリアではどうなのか、自動車の平均保有台数が多いエリアではどうなのかなど、販売戦略を立てるうえで必要となる情報を把握する必要があります。

②顧客までの移動時間別の割合

所在地（住所）別のお客さまの数から、今度は、自社の事務所からの移動時間別の顧客数の割合を出してみます。例えば、事務所から30分圏内、30分～1時間圏内、1時間～2時間圏内、2時間以上というようにです。

あなたの代理店では、各圏内の割合はどうなるでしょうか。今まで、数多くの専業代理店を分析してきましたが、一般的には30分圏内が60％、30分～1時間圏内が30％、1時間～2時間圏内が5％、2時間以上が5％、といったところが平均的な数値でした。
いかがでしょうか。このような状態で、はたして生産性の高い営業活動が可能なのでしょうか。今まで、このような観点で意図的に地域を絞って営業するということをやってこなかったのですから仕方がありません。問題は、この結果を踏まえてこれからどうするかということです。それが販売戦略になります。

③各地域における自社のシェア

どのエリアにお客さまが多いのか、少ないのかという分析もしてみましょう。今までこのような分析をしてこなかったのであれば、これだけでも相当な進歩です。しかし、できればもう一歩進めて、各地域における自社のシェアを分析してみましょう。

多くの自治体のホームページを見ると、各地域（○○町○丁目という区分）別の、男女別の人口、男女別年齢別の人口、世帯数が掲載されています。このデータを元に自社のシェアを分析します。例えば、○○町○丁目の世帯数が１０００世帯、自社の顧客数が10世帯あったら世帯数シェア１％ということになります。これまで分析してきた中では、ほとんどのケースが1％未満、0コンマ○％というのが実態でした。

「なんだ、そんな少ないんじゃ分析したって無駄じゃないか」と思われる方もいるかもしれません。でも考えてみてください。

仮に1000世帯の地域があったら、その地域は損害保険・生命保険でどれくらいの規模のマーケットになるのか。その地域から得られる手数料収入はいくらくらいになるのか。なにも事務所から1時間かけて遠くのマーケットに出かけて行かなくても、すぐ近くに大きなマーケットがあるのです。

弊社がご支援をした代理店のデータ統計上では、1000件の損保契約での収入保険料ベースで概ね1億円と予測できます。さらにその世帯のご家族への多種目化や生命保険の販売も考慮すると、手数料収入ベースでは、巨大なマーケットと言えるのではないでしょうか。

問題は、このすぐ近くのマーケット（地域）でいかにシェアを高めていくかということです。それが販売戦略になります。

保険会社の中には、エリアマーケティングのデータ提供が充実している会社もありますが、分析結果を見て、「ふ〜ん。そうなんだ」で終わってしまい、そのエリアをどのように攻略していくのか、そのアプローチ方法に具体策がないまま、従来からの営業活動に戻ってしまっていることが多いのが実態ではないでしょうか。

要となる分析の２つ目は、多種目化率です。

意外に思われるかもしれませんが、実は、多くの代理店がきちんと把握していない項目のひとつです。特に乗合代理店の場合は、保険会社ごとに異なる代理店システムを導入しているため、なかなか自社で把握できていないケースもあるようです。

ここでは、例えば自動車保険など1種目のみご契約いただいているお客さまと、生保を含めて2種目以上ご契約いただいているお客さまを分けて、2種目以上ご契約いただいているお客さまの割合を多種目化率と呼ぶことにします。

これについても多くの代理店を分析してきた結果、専業代理店の平均的な多種目化率の数値は20～30％になっています。この率を上げることは、永年にわたって多くの代理店の課題になっているはずです。何年たってもこの多種目化率が上がらないというのが実態ではないでしょうか。

従って、まず自社の多種目化率を把握したうえで、販売戦略を立てることが必要になります。

要となる分析の3つ目は、顧客の年齢分布です。

あなたの代理店の顧客の年齢がどれくらいなのか知っていますか。これは全顧客の平均年齢ではありません。最低でも5歳刻みで、その5歳刻みの各年齢層に何人の顧客がいるのか、そしてそれは全顧客数のどれくらいの割合になるのか分析してみましょう。

ご存知の通り、日本の人口は減少に転じており、かつ少子高齢化が進んでいます。これも自治体のホームページをみると、その自治体における人口の年齢分布が掲載されています。問題は、自治体の年齢分布に比較して自社の顧客の年齢分布はどうなっているかということです。

一般的に、お客さまの年齢は営業パーソンの年齢の上下10歳くらいの範囲だと言われることがあります。つまり、ここまで代理店を発展させ築いてきた経営者が歳を重ねるとともにお客さまも高年齢化していくのです。もし自社のお客さまが高齢化していたら、若返りを図る必要があります。これも販売戦略として考えていく必要があり、お客さま訪問時の会話やトーク等を含む具体的な戦術に落とし込む必要があります。

経営に関わる数値を把握する

販売戦略を立てる前に把握しておきたいものとして、いくつか経営に関わる数値があります。ここでは財務的な数値というよりは、営業生産性に関わる数値を３つご紹介します。

1つ目は、1顧客当たりの売上単価はいくらかということです。当然のことですが、「売上高＝1顧客当りの売上単価×顧客数」で決まります。この2つともアップすることが必要ですが、基本的に優先すべきは売上単価です。これは、前述の多種目化とも大きく関係してきます。また、個人と法人では大きく異なりますので、分けて考える必要があります。

2つ目は、営業パーソン一人当たりの売上高です。保険の営業は人と人との面談によるものであり、かつ一人のお客さまとの面談には必ず一定の時間が必要になります。従って、この売上高を引き上げるには限界がありますが、まずは自社の現状を把握し、その一人当たりの売上高が高いのか低いのか、低いのならどこまで引き上げるのか検討する必要があります。

弊社の経験値では、最低でも営業パーソン一名当たり手数料収入ベースの営業生産性で、年1000万円はないと、今後生き残りは厳しいのではないかと危機感を感じています。

３つ目は、事務担当者を含めた全社員一人当たりの売上高です。これも前述と同じように、まずは自社の現状を把握し、それが高いのか低いのか、低いのならどこまで引き上げるのか検討する必要があります。

なお、営業パーソン一人当たりの売上高（手数料収入）の目標値は年１５００～２０００万円、事務担当者を含めた全社員一人当たりの売上高の目標値は年１０００～１３００万円を基準とするといいでしょう。

また、売上高に占める人件費の割合は55～65％、物件費は25～35％、営業利益は5～15％を目安にしてください。

ここまで、販売戦略を立てる前に実行しておくべきことを見てきました。

次は、いよいよ販売戦略の基本となる「ランチェスター戦略」とは何かについてご紹介していきます。

2【販売戦略】の基本となるランチェスター戦略とは何か?

ランチェスター戦略とは

「売れ続ける仕組みづくり」の3本柱のひとつである「販売戦略」は、「ランチェスター戦略」に基づいています。

「ランチェスター戦略」は、マーケティング・コンサルタントの故田岡信夫氏が構築し、1972年『ランチェスター販売戦略』を著して以降、多くの企業がこれを学び、自社の戦略に取り入れて成長と発展を遂げてきました。トヨタ自動車、日本生命、ソフトバンク、HIS等の日本の名だたる企業をはじめ、中小・中堅企業においても日々活用されています。

「ランチェスター戦略」は、企業間競争における理論(考え方)と実務体系(実務での使い方)が確立された「日本の販売戦略のバイブル」です。しかも、業種・業態や規模の大小に関係なく活用・応用できる、まさしくマーケティングの原理原則なのです。

そして、「ランチェスター戦略」の大きな特徴は、全体よりも特定の部分／領域にフォーカスした市場でナンバーワンをめざすこと、市場シェアを重視しそのための具体的な判断基準値と戦い方が確立されていること、弱者／強者の戦略を明確にしその取組み方が体系化されていることです。

この「ランチェスター戦略」は、全部で5つのカテゴリー、つまり『基本

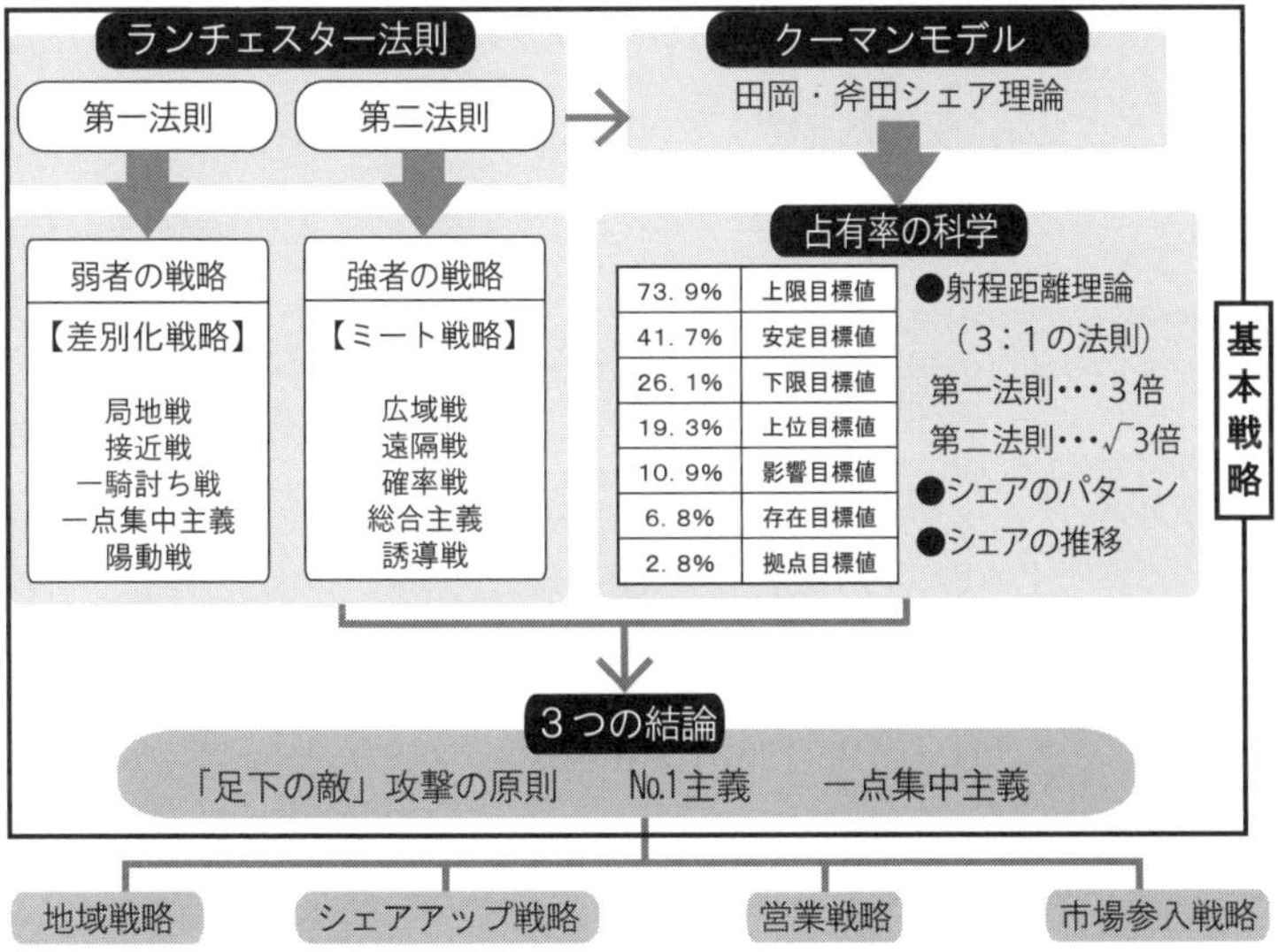

ランチェスター戦略の体系

戦略』『地域戦略』『シェアアップ戦略』『営業戦略』『市場参入戦略』で構成されています。

ここでは、代理店が販売戦略を立てる際に最も取り入れるべきと考える項目を『基本戦略』の中から紹介していきます。

ランチェスター法則

「ランチェスター戦略」は、日本人である田岡信夫氏がビジネスにおける理論として構築したものですが、元はと言えば、第一次世界大戦の際に、イギリス人の航空工学エンジニアのF・W・ランチェスターが発見した軍事理論である「ランチェスター法則」から出発しています。

この「ランチェスター法則」とは、戦い方には大きく分けると2つの戦い方があり、軍隊の戦闘力は武器性能と兵力数という2つの要素で決まる、つまり勝ち負けにはルールがあるというものです。

ひとつ目の戦い方は、1対1の戦い、原始的な戦いです。この戦いに適用するルールを【ランチェスター第一法則】と言います。1対1の戦い（一騎打ち戦）で、狭い範囲で（局地戦）、敵と近づいて戦う（接近戦）ときに適用します。

この場合の戦闘力は、武器性能×兵力数となります。つまり戦いに勝ちたければ、敵に勝る武器を使うか敵よりも多い兵力で戦えばいいのです。もし兵力数が劣る場合であっても、それを上回ることができる性能が高い武器を使えば勝てる可能性もあるということです。

2つ目の戦い方は、集団対集団の戦い、近代的な戦いです。この戦いに適用するルールを【ランチェスター第二法則】と言います。集団対集団が同時に複数の敵を攻撃することのできる武器（これを確率兵器という）を使って戦う場合、つまり確率戦で、広い範囲で（広域戦）、敵と離れて戦う（遠隔戦）ときに適用します。

戦いには大きく２つの戦い方がある！

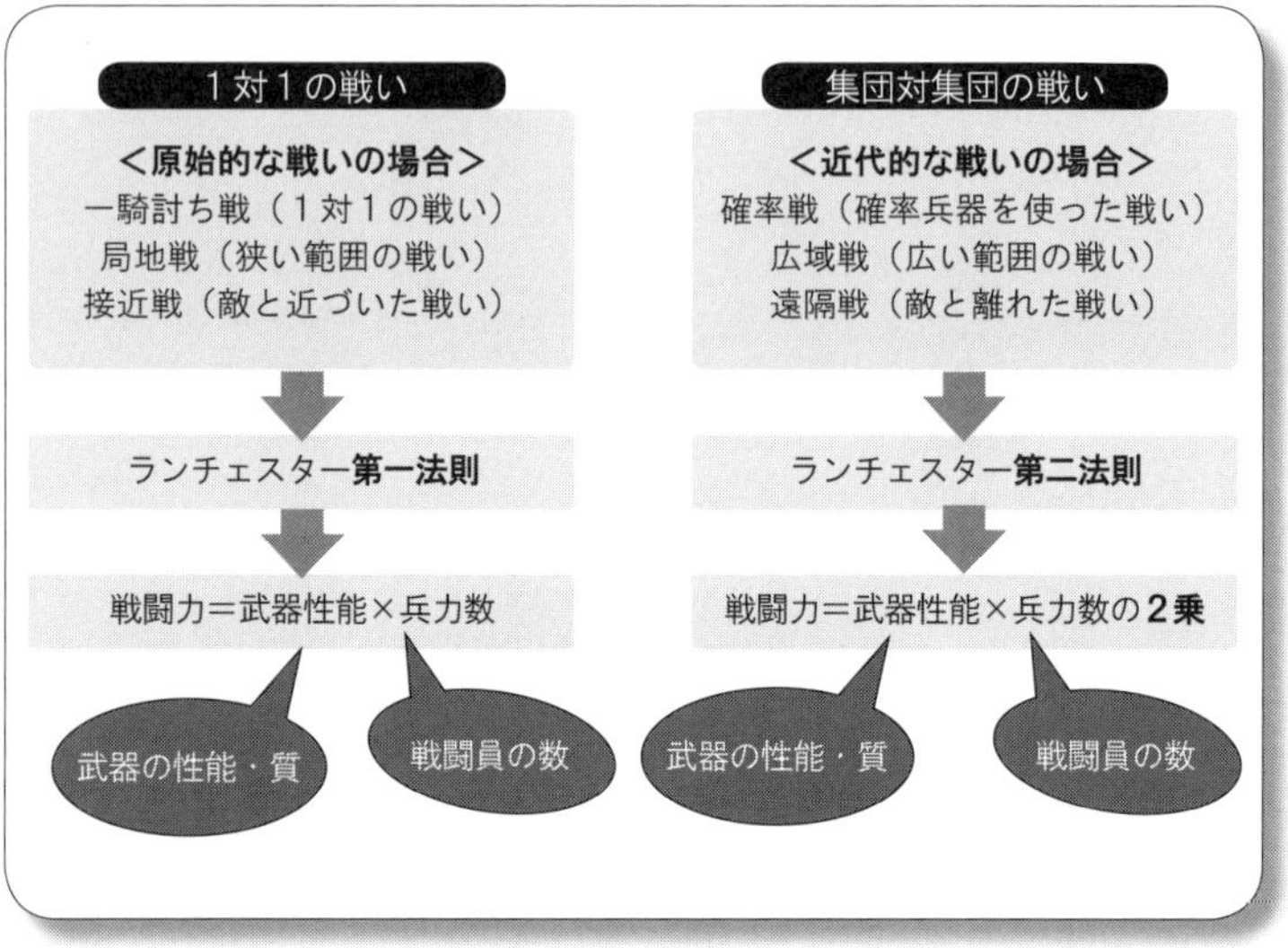

この場合の戦闘力は、武器性能×兵力数の2乗となります。兵力数は2乗になりますから、兵力数の多いほうが圧倒的に有利になります。従って、多少、武器性能がよくても、兵力数が2乗に作用するわけですから、兵力数が劣っていれば勝てる可能性は非常に低くなります。

【ランチェスター第一法則】

攻撃量（相手に与える損害量）＝

武器性能×兵力数

【ランチェスター第二法則】

攻撃量（相手に与える損害量）＝

武器性能×兵力数の2乗

ビジネスにおける【第一法則・第二法則】

ランチェスター法則	第一法則	第二法則
大きくとらえると	**部分的な競争**	**全体的な競争**
細かくとらえると	一騎打ち戦とは 競争が少ないビジネス 局地戦とは 地域やビジネス領域を限定 接近戦とは 顧客に接近する販売方法	確率戦とは 自社の力を重複化させるフルライン戦略 広域戦とは 地域やビジネス領域を限定しない 遠隔戦とは 間接販売や広告宣伝

第二法則が適用される全体的な企業間競争では、量（経営規模や販売力）が２乗する

これらの法則をビジネスに置き換えるとどうなるでしょうか。ビジネスは、競争相手の企業との間においてマーケットでいかに顧客を獲得するか（シェアを上げる）という戦いです。従って【ランチェスター第一法則】は部分的な競争、【ランチェスター第二法則】は全体的な競争と言うことができます。

部分的な競争における**一騎打ち戦**とは競争が少ないビジネス、**局地戦**とは地域やビジネス領域を限定すること、**接近戦**とは顧客に接近する販売方法ということができます。

ビジネスにおける《武器性能と兵力数》

＜第一法則型のビジネス＞
営業力＝武器性能×兵力数
（戦闘力）

＜第二法則型のビジネス＞
営業力＝武器性能×兵力数の**2乗**
（戦闘力）

ランチェスター法則	武器性能	兵力数
大きくとらえると	**質的経営資源、商品力**	**量的経営資源、販売力**
細かくとらえると	製品の品質・性能・ブランドなどの製品の付加価値、情報力、技術開発力、顧客対応力、人材や活動の質、サービスの質、営業パーソンの販売スキル	社員数、営業パーソン数、活動の量、販売代理店の当社担当者数、製造現場の設備機器数、売り場面積、席数

全体的な競争における**確率戦**とは商品の品ぞろえを多くしたフルライン戦略、**広域戦**とは地域やビジネス領域を限定しない、**遠隔戦**とは間接販売や広告宣伝を活用した戦いということができます。

また戦闘力は営業力と置き換えることができます。

武器性能は、質的経営資源や商品力と言っていいでしょう。例えば、製品の品質・性能、ブランドなどの付加価値、あるいは顧客対応力、人材や活動の質、サービスの質、営業パーソンの販売スキルも武器性能と言えます。

兵力数は、量的経営資源や販売力と言っていいでしょう。例えば、社員数、販売代理店の当社担当者数、売り場面積も兵力数と言うことができます。

これらをさらに私たち保険代理店として見た場合、どうなるでしょうか。

兵力数である量的経営資源、つまり社員数や店舗の数は残念ながら大型の保険代理店（銀行窓販や多店舗型代理店等）に勝ることは難しい現状です。

では、武器性能である質的経営資源はどうでしょうか。保険会社から提供される保険の商品力は自社ではどうすることもできません。乗合代理店であれば、基本的には、その時々の最も良い商品を選択して提供する、もしくは、現在ある保険会社の商品の特約などの仕組みを最大限フル活用することまでしかできません。

しかし代理店としてのブランドや付加価値サービス、お客さま接点のあり方をはじめ、営業パーソンの販売スキルといったものは高めることができます。商品力や付帯サービスに大きく違いがない中においては、それこそが代理店の存在意義を左右するものと言っても過言ではありません。

ここまで読まれた読者の中には、私たち保険代理店がマーケットにおける競争で勝つためのヒントが浮かんできた方もいるかもしれません。次の項では【ランチェスター第一法則】と【ランチェスター第二法則】から導き出された、小が大に勝つ3つの原則について見ていきましょう。

小が大に勝つ3つの原則

ここまで見てきたように、【ランチェスター第一法則】【ランチェスター第二法則】いずれの場合も、兵力数が多い軍は常に有利になります。特に【ランチェスター第二法則】では兵力数が2乗に作用するため圧倒的に有利になります。兵力数が少ない軍が多少武器性能を良くしたとしても、兵力数が多いほうが勝つ可能性が高まります。

では、小が大に勝つにはどうしたらいいのでしょうか。第二法則適用下の戦いでは歯が立たちません。しかし、第一法則適用下であれば、武器性能を兵力比以上に高めれば勝てるということが分かります。

また、全体的には兵力数は増やせませんが、局地戦に持ち込んでそこに兵力を集中させれば、その局面においては兵力数を上回ることができます。

ここに「小が大に勝つための３つの原則」があります。

①【ランチェスター第一法則】が適用される戦いをすること

・一騎打ち戦（競争相手が少ない顧客やビジネス）
・局地戦（地域やビジネス領域を限定し勝ちやすい所を選ぶ）
・接近戦（顧客に接近する販売方法）　など

②武器性能を高めること

・商品力、営業パーソンの販売スキルの向上を図る
・顧客対応／接客方法や販売手法、サービスの品質を高める　など

ランチェスター法則から導き出された【小が大に勝つ３つの原則】

・兵力数が多い軍は常に有利

・特に第二法則では兵力数が２乗に作用するので圧倒的に有利

・小が大に勝つには、第二法則適用下の戦いでは歯が立たない

・第一法則適用下であれば、武器性能を兵力比以上に高めれば勝てる

1．ランチェスター第一法則が適用される戦いをすること（一騎打ち戦・局地戦・接近戦）
2．武器性能を高めること（製品の品質・ブランド・付加価値・人材・・・）
3．兵力を集中すること（特定エリア・マーケットに集中する）

③兵力を集中すること

・重点エリアの営業担当者数を他社よりも多く配置して攻略する

・特定マーケットには役職員全員体制で営業活動を行う　など

この3つの原則を、自社の販売戦略を立てる際の基本としていくことが必要になります。

弱者の戦略、強者の戦略

「ランチェスター戦略」では、市場シェアを判断基準に強者と弱者を定義づけて

います。

強者とは、市場シェア1位の企業
弱者とは、市場シェア2位以下のすべての企業

1位の企業のみが強者です。しかし、この強者・弱者の判断は企業規模ではありません。競合局面ごとに判断します。細分化した市場（競合局面）で判断した場合、その細分化された市場において強者・弱者を判断します。経営規模ではないので、大企業の弱者、小企業の強者もあり得ます。

細分化された市場とは、例えば、地域、顧客、商品、などのことです。

例えば、トヨタ自動車は、普通乗用車（貨物含む）のカテゴリーでは強者ですが、軽自動車のカテゴリーでは、スズキ自動車が強者であり、トヨタ自動車は弱者になるということです。

保険代理店の場合を考えると、例えば限られた一定の地域、あるいは一定の業種（例えば建設業等）がこれにあたります。

なぜ、このように強者と弱者の区分けが必要なのでしょうか。それは、強者と弱者とではとるべき戦略が１８０度異なるからです。

ランチェスター法則が示す「小が大に勝つ3つの原則」から、弱者の戦略が導き出されましたが、弱者の基本戦略は「差別化戦略」です。営業力に劣る弱者が強者と同じことをやっていたのでは勝つ見込みはありません。差別化とは攻めの戦略であり、他社の質を相対的に上回ることです。自社の戦略として、ある一定の領域で意図的に他社の質を上回ることが必要です。

一方、強者の戦略は「ミート戦略」です。ミートとは、同質化を図るということです。模倣・追随することにより、圧倒的な販売力を持って、弱者の差別化戦略を封じ込める戦略です。

弱者と強者のちがい

＜弱者＞
市場シェア２位以下のすべて

＜強者＞
市場シェア１位の企業のみ

市場占有率で弱者・強者を区別

【弱者と強者の立場】

・企業規模ではなく、競合局面ごとに判断する
・競合局面ごとに、その立場は入れ替わる
・商品、地域、販売経路、客層、個々の顧客内

このように「ランチェスター戦略」では、市場における競争に勝つために、強者がとるべき戦略と弱者がとるべき戦略を明確に区別しています。そして、保険業界における一般的な専業代理店の立場は残念ながらほとんどが弱者です。従って、一般的な代理店の戦略は、弱者の戦略になります。

しかしながら、例えば、個別の法人の顧客という競合局面で見た場合に、他社の代理店と自社のシェアの関係から自社が強者になるケースもあります。A社という法人顧客の管財物件契約を自社と他

弱者と強者の戦い方は、まったくちがう！

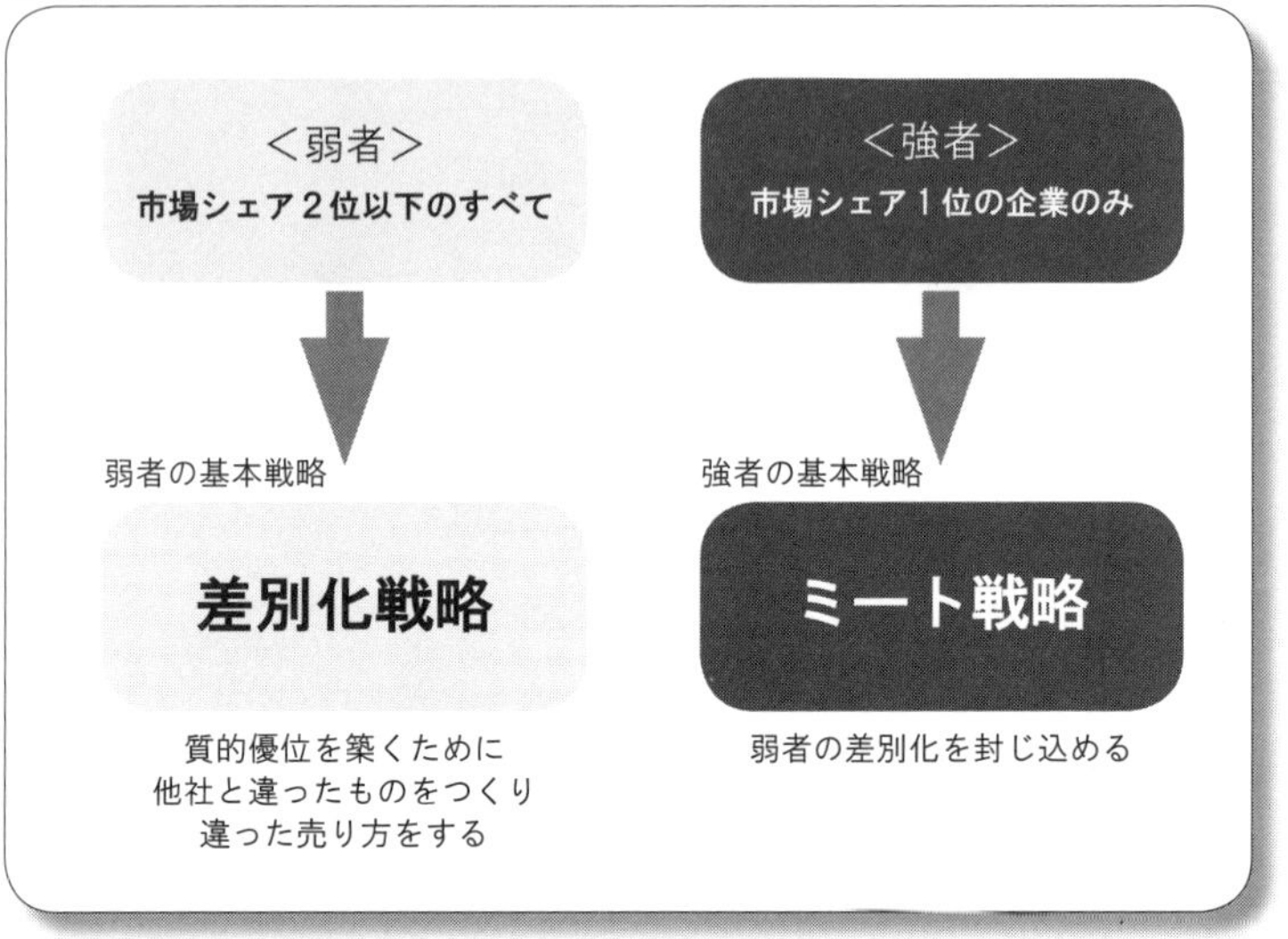
＜弱者＞
市場シェア２位以下のすべて
弱者の基本戦略
差別化戦略
質的優位を築くために
他社と違ったものをつくり
違った売り方をする
＜強者＞
市場シェア１位の企業のみ
強者の基本戦略
ミート戦略
弱者の差別化を封じ込める

社代理店と分け合っていた場合、自社のシェアの方が多く、シェア1位であれば、自社は、その特定の法人顧客という局面では強者となり、弱者である他社代理店の差別化を封じ込めるためのミート戦略を基本に営業活動をしていくことになります。

大切なことは自社の役職員全員がこうした戦略のセオリーを理解し、それに基づいた営業活動を臨機応変に日々実践していく体制を代理店のなかで作り上げていくことです。

弱者と強者の５大戦法

弱者がとるべき戦法は、大きく5つあります。それは「局地戦」「接近戦」「一騎打ち戦」「陽動戦」「一点集中主義」です。一方、強者の5大戦法は「広域戦」「遠隔戦」「確率戦」「誘導戦」「総合主義」です。

それぞれの立場から、とるべき戦法について比較しながら解説していきます。

①局地戦と広域戦
（弱者の場合）

局地戦とは営業地域・事業の領域を狭めて集中することです。集中すべきは勝ち易い地域です。勝ち易い地域とは、一般的には自社が強い地域や他社にとって地理的に不便なところ、強者が手薄になっている地域です。代理店からみれば、自社の周辺地域や自社の顧客が比較的多いところも集中すべき地域として考えるべきです。

強者の基本戦略と５大戦法

基本戦略＝ミート戦略

ミートとは、同質化。模倣、追随、二番手戦略。

※　弱者の差別化戦略を封じ込める

【強者の５大戦法】

・広域戦……地域やビジネス領域を限定せず拡大していく、全国展開
・遠隔戦……間接販売会社重視、広告などで指名買いを促進
・確率戦……規模が大きく、成長性の高い市場や顧客を狙う
　顧客、競合に対して全方位に対策する
　（フルライン戦略、販売チャネルの重複化）
・総合主義…事業の総合化、多角化、市場、顧客層、地域、商品を幅広く展開
　物量戦（広告、流通チャネル、営業）、最高立地に最大規模の店や売場をもつ
・誘導戦……先手を打つ（差別化）、自社に有利な土俵に誘導（低価格競争など）、総需要の喚起

また事業の領域としてとらえるとニッチ市場、特定マーケットなどと考えることもできます。保険代理店の視点から考えると営業地域は理解しやすいですが、事業の領域は、個人顧客なら顧客の年齢層、世帯構成、富裕層、職業、趣味などで絞るとか、法人顧客であれば、業界、業態、業種で絞るとか、あるいは、個人・法人の顧客を問わず、お客さまに提供できる代理店の（付加価値）サービスの範囲を限定するといったことも考えられます。

弱者の基本戦略と５大戦法

基本戦略＝差別化

差別化とは、他社の質を相対的に上回ること。
（単に変わったことをするという意味ではない）
※　差別化とは攻めの戦略

【弱者の５大戦法】

・局地戦……地域やビジネス領域の限定、地域担当制
・接近戦……顧客に接近する販売経路、直接販売を重視、川下作戦
・一騎討ち戦……一社独占または競合数の少ない市場や顧客を狙う、競合会社別に対策する
・一点集中主義……兵力を集中する（他社の量を相対的に上回る）事業の集中化・専業化、特定の市場・顧客層・地域・商品に集中
・陽動戦……ゲリラ戦、奇襲戦法（強者のやりたくないこと、できないことをやる）

また、営業担当者の担当エリアを地域ごとに明確にする地域担当制も、局地戦の戦い方の事例です。保険代理店の中には、お客さまが営業パーソン個人についており保険代理店としてのお客さまになり切れていないケースが見受けられますが、営業エリアの中で効率よくシェアを高めていくのであれば、地域担当制への変更は重要なポイントになります。

（強者の場合）

一方、広域戦は営業地域や事業の領域を限定せず、全国展開のよ

うに広い範囲に拡大していきます。保険代理店の視点から考えると、全国型の保険ショップ、銀行窓販など全国に販売網を有する場合に適した戦い方で、資源が豊富な強者の戦い方です。

②接近戦と遠隔戦（弱者の場合）

接近戦とは、より顧客に近い場所で、顧客との心の距離を縮めた戦いです。例えば、製造業の場合は卸売り業者等を通して行う間接販売よりも、自らお客さまに販売する直接販売を重視するやり方です。いくつかの卸売り店を経由してお客さまに商品をお届けしている販売方式の場合でも、最も顧客に近い販売店への営業活動を重視して顧客のニーズや顧客に近い販売店のニーズに敏感に柔軟に反応していくという戦い方です。

保険代理店の視点から考えると、ほとんどの場合は、お客さまを直接訪問、もしくは来店していただき、直接面談する営業形態であることから、この接近戦の方法で差別化していくことが生き残りの重要な「鍵」になります。すなわち、お客さまを知り、ニーズの変化を敏感に把握し、柔軟にお客さまのお役に立つ商品・サービス・情報などを提供していく。結果、「お客さまから選ばれる」という仕組みを構築していくことが必要になります。

「接近戦」とは、単なる「売り方」ではなく、「お客さまへの想い」という経営理念、経営ビジョン等と連動し、それを実際の行動として具現化し、お客さまに体感いただき、大切な時間を共有していただくということが求められます。なぜなら、「お客さまへの想い」を実際にお客さまに接して実践していく最大の機会は、「営業の面談の場」であるからです。

最近では、ＩＴの進展に伴い、インターネットやFacebook、LINEなどのＳＮＳ（ソーシャル・ネットワーキング・サービス）などもうまく活用し、定期的にお客さまに役に立つ情報を発信したり、セミナー案内を発信したり、さらには双方向のやり取りをして、常に身近で存在を意識していただきながら「安心」や「安全」を提供するお役立ちの活動をしていくことも「接近戦」の差別化の一種ではないかと思います。メルマガなども活用したり、定期的にお客さまとコミュニケーションを取る仕組みのひとつである「リードナーチャリング」というセールスプロセスの管理方法も保険代理店の「接近戦」の手法として積極的に取り入れていくことが必要かと思います。

（強者の場合）

一方、遠隔戦とは、販売会社や卸売り会社、販売代理店を中心に自社とは別の会社の戦力を活用して販売促進をしたり、大量の広告宣伝等によって広く顧客に広報・ＰＲを行って、指名買いを推進していく戦い方です。保険代理店の視点から考えると、まさに全国型の保険ショップ、銀行窓販など全国に販売網を有する場合に適した戦い方であり、資源が豊富な強者に適した戦い方です。

しかしながら、一般の保険代理店においても、士業や自動車整備工場、不動産会社などと顧客紹介のマーケティング面において、業務提携をされているケースがあります。弱者でありながら、この遠隔戦の戦い方を選択しているわけですが、もし、ある提携先の会計事務所に他社代理店が同様に出入りをしているとしたら、自社が取るべきアクションは、他社の代理店と比較して提携先の会計事務所への訪問頻度を高め、ニーズや課題を迅速に把握して柔軟に対応していくということが必要になります。これはビジネスの仕組みとして遠隔戦になってしまっていても、とるべき戦い方は、接近戦で戦って勝つというようにお考えください。

③一騎打ち戦と確率戦（弱者の場合）

一騎討ち戦とは、１社独占または競合数の少ない市場や顧客を狙う、競合会社別に対策するという戦い方です。１社独占先を新規開拓で狙えば、２者間競争の一騎打ちで戦えます。通常、１社独占先は取引先を増やし選択肢を増やしたいはずですし、１社独占であるが故に、比較・選択情報に飢えている場合があります。また2社とまではいかなくても、できるだけ競合他社が少ない市場や顧客を狙っていけば弱者であっても勝ち目が出てきます。

保険代理店の視点から考えると、例えば、競合である取引数の少ない法人・個人のお客さまを抽出して優先的に差別化提案をしていく、他社代理店が存在しない地域や他社代理店が敢えて取組みをしない地域を選定し、集中的に営業をかけていくといったようなことが考えられます。

（強者の場合）

一方、確率戦とは、規模が大きく成長性の高い市場や顧客から優先して攻略していく、あるいは顧客や競合に対して全方位で対策する、つまり、フルライン戦略、販売チャネル重複化などです。強者の新規開拓は需要の多い先から狙っていきます。強者は堂々と大手顧客に向かっていくこともできますし、その方が効率的だからです。

保険代理店の視点から考えると、強者の場合は、人口が増加している新興住宅地に出店をしたり、全保険会社と乗合をしてフルラインで商品・サービスを提供できる体制を整備したり、近隣の営業エリアにいくつかの支店を重なるように出店し、支店同士が顧客を奪い合いようにして、他社代理店が入り込む隙間をなくしたりというような豊富な資源が必要になる戦い方です。

④一点集中主義と総合主義
（弱者の場合）

一点集中主義とは、地域・販売経路・顧客・製品など細分化された市場へ兵力（戦力）を集中することです。自社のビジネス領域を細分化し、重点的に取り組む領域を決めます。決める基準は「勝ち易きに勝つ」ことです。ある事業に集中もしくは専業化したり、特定の市場・顧客層・地域・商品に集中したりして、少ない資源を集中させ、最大限に活かすという戦い方です。ついつい、大きな市場は魅力的に見え、そこに向かいがちですが、そこには競争相手がたくさんいますので、兵力（戦力）や資源が分散されるため、注意が必要です。重点的に取り組む領域を決めたら、そこに兵力（戦力）や経営資源を集中します。その領域において、他社よりも量的に上回ることが必要になります。

保険代理店の視点から考えると、局地戦で決めた営業エリアに兵力を集中させ、シェア目標をクリアするまでは、営業エリアの拡大をしないとか、法人顧客を開拓することに特化したり、他社代理店が苦手とする商品や市場の深耕に全戦力を集中するなどです。まずは、勝てる場所、勝ち易き場所で勝利を収め、勝利したら、次の戦う場所を選択して勝負を挑んでいくという戦い方です。

（強者の場合）

総合主義とは総合力で勝つことです。他社に勝る豊富な経営資源を活用して人・物・金を投入するなど、あらゆる方法で勝つことです。事業の総合化、多角化、市場、顧客層、地域、商品を幅広く展開し、そして、物量戦（広告・流通チャネル・営業）に持ち込み、店舗立地も最高立地に最大規模の店や売り場を持つという戦い方です。

保険代理店の視点から考えると、全保険会社と取引のある来店型ショップが駅前の好立地に店舗を構える理由が理解できます。

⑤陽動戦と誘導戦

（弱者の場合）

陽動戦とはゲリラ戦法です。大手ができない、やりたくないことをやって奇襲攻撃をかけるやり方です。敢えて広告宣伝の活動をせずにお客さまの「口コミ」だけに頼って営業をしていくといったことも、この陽動戦に該当します。また、顧客サービスのある部分には、相当な時間・手間をかけることで他社サービスの質・量を圧倒的に上回る差別化を図り、お客さまを着実に増やしていくというような戦い方もこれに該当します。

保険代理店の実際の例ですが、他代理店ができない、あるいは、やりたくない戦法として、同じお客さまを必ず年に４回訪問するという営業活動をしている代理店があります。これは接近戦かつ陽動戦の好事例と言えます。また、奇襲戦法の事例としては、自社代理店の営業方針や顧客サービス向上のための各種取組みを他社代理店には知られないように配慮しながら展開していく、敢えてホームページを作らずに、逆にプレミア感を醸し出した接客やサービスを地道に実践して紹介を得ていくといった活動がこれに該当します。

（強者の場合）

一方、誘導戦は強者の地位を活かして弱者を誘い込むやり方です。例えば、価格競争を仕掛けて弱者が追随できなくするとか、強者の立場で差別化戦略を他社より先手を打って行うなど、結果、総需要を喚起することができれば、強者が勝つという戦い方です。

保険代理店の視点から考えると、強者の立ち位置にある来店型ショップが個人のお客さまや家族世帯をお守りするために生損保での総合的なコンサルティングを丁寧に実施していることが、この誘導戦に該当するのではないでしょうか。強者ではない弱者の立場にある保険代理店は、それ以上のコンサルティングやサービスをお客さまに提供していかなければなりませんが、そのための人材育成や人材採用、サービス向上のための投資が経営の体力を消耗してしまう可能性もあり、場合によっては投資ができなければ、いつかは顧客に比較され、お客さまが離れていくことも考えられます。

ここまで「ランチェスター戦略」における弱者と強者の5大戦法を保険代理店の視点からの事例も交えながら、解説してきました。大切なことは、これらの戦法をいかに自社の戦略に取り入れていくかということです。それについては、次節の「**3ランチェスター戦略による代理店の【販売戦略】とは**」でご紹介します。

いかに差別化を図るか

弱者の基本戦略は「差別化戦略」です。差別化とは攻めの戦略であり、他社の質を相対的に上回ることです。では、具体的に、どのような切り口で差別化を図ったらいいのでしょうか。

差別化の切り口は8つに整理することができますが、ポイントは3つ以上の要素を掛け合わせて考えることです。

①マーケット（事業領域・客層）
②製品（製品の性能・製品の売り方・用途・見た目）・サービス
③価格
④販売経路
⑤地域
⑥販促（広報・情報発信・ブランディング・広告・販促）
⑦営業（営業方法・顧客満足・ソリューション）
⑧理念

保険代理店の場合、メーカーである保険会社から提供される保険商品を販売するというビジネスモデルである以上、自社に決定権がない商品内容や価格（保険料）といったことで差別化を図ることはなかなか難しいと言えます。また、お金をかけて広告・宣伝をすることも一定限界があるのではと推察します。最近ではFacebook、LINE、InstagramなどSNS（ソーシャル・ネットワーキング・サービス）を活用し、比較

差別化の方法（例）

この中から、３つ以上を掛け合わせて考えることがポイント

① Market（市場・顧客）	・事業領域 （生損保併売／生保／損保／ﾘｽｸﾏﾈｼﾞﾒﾝﾄ／ｺﾝｻﾙﾃｨﾝｸﾞ等） ・客層 （個人／法人／富裕層／ファミリー層／社員数／業種等）
② Products（製品・サービス）	・製品／商品 （売り方･用途･見た目（デザイン）（自動車／傷害等） ・サービス （付帯サービス／事前サービス／事後サービス等）
③ Price（価格）	・価格 （高付加価値＝高額、低付加価値＝定額等）
④ Place（流通）	・販売経路 （直販対面／間接／ｲﾝﾀｰﾈｯﾄ／紹介／業務提携等）
⑤ Place（地域）	・地域 （範囲／重点地域等）
⑥ Promotion（販売促進）	・広報・情報発信・ブランディング （ﾒﾙﾏｶﾞ／広報紙／SNS 等） ・広告・集客・販売促進 （チラシ／粗品／セミナー等）
⑦ Promotion（営業方法）	・営業手法 （商品提供型、情報提供型、営業ツール等） ・顧客満足型営業 （顧客満足を充実させる営業手法等） ・問題解決型営業 （顧客の課題解決を主眼した営業手法等）
⑧ Mission（理念）	・理念、事業の定義 （自社の顧客への想い／理念／使命等）

的安価な広告・宣伝に取り組まれている保険代理店も見かけるようになりましたが、なかなか一歩を踏み出せない代理店が多いようにも見受けられます。

このような立場にある代理店として差別化を図るうえで最低限踏まえるべき視点は、次の3つです。

⑴自社の存在意義・事業領域を明確にする。経営理念・経営ビジョンをお客さまに発信し自社のブランド化を図る（①・⑧）

先進的な保険代理店の中には、お客さまをお守りし、快適な生活や企業活動をしていただくことをめざして、様々な業種との提携を図り、ワンストップのコンサルティング業への転換を標榜されている代理店も増加しつつあると思います。いずれにしても、誰に何で役に立つのかを明確にすると、やるべきことが明確になってきます。

⑵営業エリア（地域・商圏）を絞り、対象とする客層を明確にする（⑤）

(3)他社と異なるお客さまの立場に立った営業手法・営業スキルを実践する（④・⑦）

これらの視点で他社を上回ることができれば、差別化を進める基礎づくりが可能になります。

ナンバーワン主義

「ランチェスター戦略」が最終的にめざすゴールは何か。それは、ナンバーワンになることです。

ナンバーワンとは、単なる1位ではなく、2位以下を圧倒する1位であることを指します。つまり、ダントツの1位ということです。このようにダントツのナンバーワンをめざすことを、ナンバーワン主義と言います。

弱者がナンバーワンになるなんて夢の話だと思わないでください。確かに全体で勝つことは無理かもかもしれませんが、一部分で勝つことはできるのではないでしょうか。

弱者であっても、例えば特定の地域やマーケット・客層といったビジネスの領域を細分化し、集中すべき領域を決めたらそこに「一点集中主義」で経営資源を集中し、差別化をしていくことによってナンバーワンになることは可能です。また、今は1位ではなくても、自社が強い領域が必ずあるはずです。まずはそこでナンバーワンになることをめざすべきです。

そして、例えば、「A」という領域でナンバーワンになったら、次は「B」という領域でナンバーワンをめざします。これを繰り返すことによって、領域を広げていきます（各個撃破の原則）。

弱者が勝ち残る方法を一言でいうと、「ダントツの1位になること。そのために集中し差別化すること」です。領域を細分化して重点化し、そこに差別化戦略を実行し、資源・兵力（戦力）を集中化していくことでその領域でシェアを高めナンバーワンを作っていくことを繰り返していくことが肝要です。

例えば、目標設定する場合、最初は、自社が所属する保険会社の支店・支社で、「労災上乗せ保険取扱保険料で1位になる！」ということでもよいかと思います。とにかく、勝てる場所を見つけ、必ずナンバーワンになることから始めることが大切です。

3　ランチェスター戦略による代理店の【販売戦略】とは

経営資源を集中する＝一点集中主義

(1)　重点地域を決める

ここまで見てきたあなたは、すでに保険代理店がどのような戦略をとったらいいか、もうお分かりのはずです。

まず、地域やマーケット・客層といったビジネスの領域を細分化し、集中すべき領域を決めましょう。その際に最も優先すべきは地域です。労働集約型のビジネスである保険代理店においては、営業生産性を高めるために「事務所から○分圏内または半径○キロメートル以内」と絞りましょう。

数多くの専業代理店を分析してきましたが、お客さまの住所（所在地）でみた顧客数の割合は、一般的には30分圏内が60％、30分～1時間圏内が30％、1～2時間圏内が５％、２時間以上が５％、といったところが平均的な数値でした。しかし、できれば30分圏内に９割以上のお客さまがいれば、営業生産性は格段によくなります。地方であれば15分圏内でもいいくらいです。

なにも事務所から1時間かけて遠くのマーケットに出かけて行かなくても、すぐ近くに大きなマーケットがあるのです。考えてみてください。仮に１０００世帯の地域があったら、その地域は損害保険・生命保険でどれくらいの規模のマーケットになるのか。そこから得られる手数料収入はいくらくらいになるのか。30分圏内の地域には何千世帯、もしくは何万世帯のマーケットがあるはずです。

そしてさらに、30分圏内のマーケットを○○町○丁目というふうに細分化して、そこには現在どれくらい自社の顧客がいるのかをもとに、そこでのシェアアップを狙います。

通常は残念ながらほとんどの場合1％以下です。しかし、ちょっとでも既存客が多い地域があれば、それは自社の強みになるかもしれません。

また、同じ30分圏内であっても、道路や交通機関の関係で、行きやすい地域と行きにくい地域があります。

さらに、新しく住宅地が造成されて発展している地域、比較的若いファミリー層が多い地域や所得が高い地域、競合する代理店がない地域なども、分析して考慮すべきです。

このように、まず基本となる営業エリアを決めて、さらにそのエリアを細分化して重点地域を決めていきましょう。

(2) 既存客の深耕を図る

次に優先すべきは客層です。客層といっても、この場合は既存客か新規客かということです。既存客は宝の山です。なのに、多くの代理店では多種目化がなかなか進まずに悩んでいます。多くの代理店を分析してきた結果、専業代理店の平均的な数値は20〜30%になっています。この多種目化率を上げることは、永年にわたって多くの代理店の課題になっています。

ですから、まず既存客の深耕を優先して取り組みます。深耕とは、多種目化を図ることと紹介をいただくことです。お客さまとの関係性を高め、共に発展できるパートナーという関係性を構築していくために、何をするのかを考える必要があります。誤解していただきたくないのは、ここでは白地で新規取組をしなくていいと言っているのではありません。あくまで優先順位の問題です。

そして、具体的に深耕するために何をするのかが大切なわけですが、観点としては、訪問回数・時間数、訪問時期、訪問内容、使用ツール、営業方法・話法、提案方法・内容など様々な点から戦術を見直していく必要があり、営業パーソン個人任せでは何も変わらないということになります。

(3) 法人開拓の場合は地域・業種・企業規模を絞って進めていく

法人開拓を検討する場合は、地域を絞る方法のほかに、取り組む業種を絞る、あるいは企業規模（売上高または従業員数）で絞る方法があります。またこの3つの要素を総合的にからめて絞るということも考えられます。

地域を絞るメリットは、営業生産性の向上が図れるということです。業種を絞るメリットは、同じ業種の多くの企業と取引することでその業種に精通することができ、提案のノウハウの質が上がり、競争相手との差別化が図れるようになります。また一定規模以上の企業に絞る場合は、時間がかかりますが契約単価が大きくなる傾向があります。これらは自社がめざす目標と照らし合わせて検討する必要があります。

業種を絞った場合の留意点としては、営業エリア内に十分に同業種が存在すればいいのですが、活動をする中で、結果的にどんどん営業エリアを広めざるを得ない事態が発生します。あくまで営業エリア内で一定シェアを確保すれば、次の新たな業種の開拓に移行するなどの対策が必要です。

法人の白地開拓と深耕を進める場合に、「ランチェスター戦略」の特徴であるランチェスター式ＡＢＣ分析という法人顧客のシェアを高めていく際の手法を活用することもひとつです。

ランチェスター式ＡＢＣ分析においては、一般的なＡＢＣ分析と異なり、需要規模（ラージＡＢＣ）と自社のシェア（スモールａｂｃ）の2軸から顧客の格付けを行い、営業活動の量と質を効果的に管理します。

ABC分析　ラージABC×スモールabcd

A……軒数2割で需要7割の大口先。一般に**八方美人型**で仕入先を分散させる傾向あり。最大口客は業界の判断基準となるので**頂上作戦**を。

B……軒数4割で需要25%の中口先。軒数が多いので成長性のある**+B**と衰退傾向の**−B**に分けて管理。+Bは攻撃的。

C……軒数4割で需要5%の小口先。**シンデレラ**以外は時間をかけるべきではない。

	A	B	C
a	Aa	Ba	Ca
b	Ab	Bb	Cb
c	Ac	Bc	Cc
d	Ad	Bd	Cd

a……自社系列。Aaと独占先は守る先。Ba、Caの順に育てる先を選択。

b……系列化されていない。Aa候補とそれ以外に区分して管理。攻める先。

c……他社系列。拡販の可能性を検討し攻める先を検討。

d……未取引先。Ad、Bdの順に新規開拓候補として攻める先を検討。


運用上の留意点としては、最初にお客さまはすべて大切なお客さまであり、結果的にCランクに格付けされた場合であっても、まったく訪問しないとか、失礼な対応をしていいという位置づけのものではないということを十分に社内に徹底しておかないといけません。

ABC分析を導入された保険代理店からよく相談をいただくケースとして、営業パーソンがCランクだから訪問しなくていいと勝手に思い込み、多種目化を進める見込客が減少してしまって困っている、ということがあり

ABC 分析による営業活動の方針と量

・活動の基本方針

〇　守る先（リテールサポート）

↑（上矢）　攻める先

←（横矢）　育てる先
（リテールサポート）

無印　見極める先

※リテールサポート＝経営的な支援活動

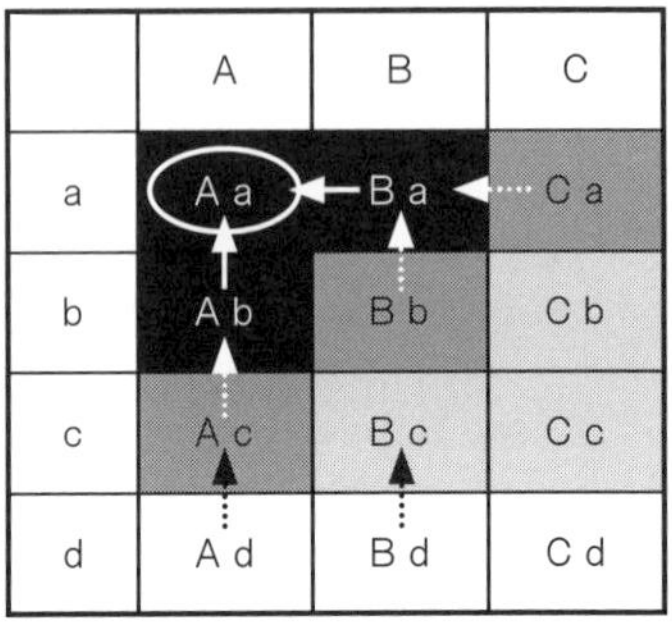

・活動の量

■Aクラス　：　一回平均長時間　×　高頻度

■Bクラス　：　一回平均中時間　×　中頻度

■Cクラス　：　一回平均短時間　×　低頻度

□新規開拓　：　状況によるがBクラス同等が原則

ます。これをしてしまうと、いつか営業活動に限界が出る可能性があり、減収に歯止めが掛からなくなるリスクがあります。

保険料を1円でもいただいている企業さまなら、大切なお客さまであるという基本的な姿勢を崩さないことが必要です。とりわけ保険契約の満期に伴う更改手続きのスケジュールに合わせてお客さまを訪問し営業していくスタイルが基本となる保険代理店の場合では、まずは、年に数回訪問し、更改手続きで面談する際の接客品質を最大に高めることに全力を注ぎ、そのうえで、ランチェスター式ＡＢＣ分析をうまく融合させてクラス別に訪問回数や訪問時間などの活動の量や質の改善に反映させていくことが賢明です。

個人のお客さまにも同様に格付けをして顧客管理をされているケースもありますが、人と人が面談するという最大のビジネスチャンスを自ら壊してしまわないように十分に注意して運用されることをお勧めします。大切なお客さまの中で、訪問しなくてもいい、重視しなくてもいいというお客さまは基本的には存在しないという前提で運用されることが大切です。

Ａランクのお客さまへの訪問頻度を上げたり、接客の品質を高めたりすることは理に適った営業活動ではありますが、営業パーソンが勝手にCランクへの訪問や顧客サービスに手を抜かないように十分に注意して運用をしていくことが肝要です。

地域密着型営業＝局地戦

局地戦とはまずは営業地域を狭めて集中することです。重点地域を決めたら、営業活動をそこに集中します。つまり、多くのお客さまに何度も面談しやすい環境を作っていくのです。遠くのマーケットに出かけて行かなくても、すぐ近くに大きなマーケットがあることを再認識すべきです。

そして狭い地域だからこそ、その地域に貢献する活動が活きてきます。また、その地域のお客さまから支持される存在になることができます。つまり自社のブランド化を図ることができるのです。ブランド化に必要なことは、自社の存在意義を明確にし、経営理念・経営ビジョンをお客さまに発信していくことです。

いくら狭い地域だからといって、自然にブランドが構築されるわけではありません。自社の経営理念・経営ビジョンを、何度も繰り返し発信していくことによって、お客さまの心の中に代理店のブランドが醸成されていくのです。

また、重点地域に存在するお客さまに具体的にどのような戦術で取り組むのか、訪問回数・時間数、訪問時期、訪問内容、使用ツール、営業方法・話法、提案方法・内容など様々な点から見直していく必要があります。

自社の商圏・営業エリア内における自治会・町内会などのコミュニティー活動にも積極的に参加し、地域の発展に貢献されている代理店も多くおられます。日頃の営業活動での面談量の増加に加えて、地域貢献活動においてもお客さまと接触する機会を設けることは、大切なことです。

面談型営業を重視＝接近戦で差別化を図る（顧客接点の差別化）

保険代理店においては、お客さまと面談をして契約手続きをするという営業スタイルが基本です。ですから、いまさら面談型営業を重視すると言われても違和感を覚える方もいるかもしれません。しかし、いまだに電話による募集を日常茶飯事としている代理店も少なからずおられるようです。電話募集自体は認められているわけですから、悪いとか否定をしているのではありません。言うなれば、もったいないのではないか、と感じるのです。

面談型営業スタイルが基本なわけですから、もともと弱者の5大戦法のひとつである「接近戦」で戦っています。ただし、ここで言う「接近戦」はお客さまと戦うという意味ではありません。顧客との心の距離を縮めた、他社と差別化された営業手法を取るということです。

営業手法とは、お客さまとの面談時において、どのような心構えで、どのようなセールスプロセスで、どのようなセールスツールを使うかのということです。さらにこの営業手法を効果的なものにするためには、お客さまから信頼される営業スキルが必要になります。

販売戦略を実行するための他社と差別化された営業手法と営業スキルが、まさしく「戦術」になります。

この営業手法については第4章、営業スキルについては第5章でご紹介していきます。

めざすは地域ナンバーワン

「ランチェスター戦略」に基づく販売戦略が最終的にめざすゴールは、ナンバーワンになることだと、すでに申し上げましたが、ナンバーワンとは、局地戦や一点集中主義で細分化された領域（地域・マーケット・客層等）において、ダントツの1位になることです。

保険代理店の場合は特に、自社の事務所を中心とした特定の限られた地域でナンバーワンになることをめざしましょう。特定の地域で局地戦と接近戦で自社のブランドを構築していくのです。そしてこれが自社の営業生産性を飛躍的に高め、30年後に生き残る代理店を実現していきます。

地域でナンバーワンになるということは競合先との比較においてもそうですが、自社の代申会社の保険会社の所属支店や支社の中でもナンバーワンになるという視点も重要です。

ナンバーワンになる効果は、ナンバーワンになって初めて体感できるものです。自然と周囲の対応が違ってきます。ちなみに、ナンバーワンの利点は、次の5つです。

①スケールメリット（規模の経済性）が得やすい。
②価格主導権を握ることができる。
③代名詞効果（保険のことなら○○代理店）が期待できる。
④持続的に繁栄できる体制（優秀な人材が集まる等）ができる。
⑤理想（経営理念など）が実現がしやすい。

保険代理店の場合、②価格主導権を握ることは困難ではありますが、それ以外の利点は代理店経営にとっては必要なものばかりです。

これからは、「共存」から「競争」もしくは「共創」のいずれかで生き残りを考えていく時代になりました。そういった意味では、地域でナンバーワンになることの意義は極めて大きいと考えます。

第4章　常にお客さまから相談がくる【営業手法】

1　人がものを買うときの判断基準は？

人はなぜものを買うのでしょうか？

人はなぜものを買うのでしょうか？

そうです！　その商品が必要だと思うから買うのです。たまに衝動買いということもありますが、基本的には必要のないものを買うことはありません。

では、どうしたら必要だと思うのでしょうか？

例えば、洗濯機が壊れたらどうでしょうか。修理ができないとなれば、明日から洗濯ができなくなって、すぐに洗濯物がたまってしまうので、すぐにでも買わなければなりません。

しかし、もしあなたが洗濯機の営業パーソンで、洗濯機が順調に動いていて何の問題もない人に、洗濯機を買ってもらいたいとしたらどうでしょうか。至難のわざですよね。

保険の場合も同じです。すでに自動車保険や生命保険に加入している人、つまり現状に満足している人にはどうしたらいいでしょうか。

満足している人に、いくら「新しい商品が出ました！」「この商品はこんなにいい商品です」「こんな場合に保険が使えます」と語っても、聞く耳を持ってくれません。

私たちは、このことを前提としたセールス活動をしていく必要があります。無理に商品の売り込みをしてしまっては、お客さまとの関係は悪化し、最悪の場合はしばらく会うことさえできなくなりますので注意が必要です。

人は何を基準にものを買うのか?

人はものを買うときに何を基準に買うのでしょうか?

もちろん、性能や値段といったことも大事な要素ですね。しかし、保険商品は、高額で複雑な商品、素人ではよく分からない商品、必要だから購入するのにめったに使うことがないという珍しい商品です。このような商品を購入する場合はどうでしょうか?

人がものを購入するときの判断基準は……

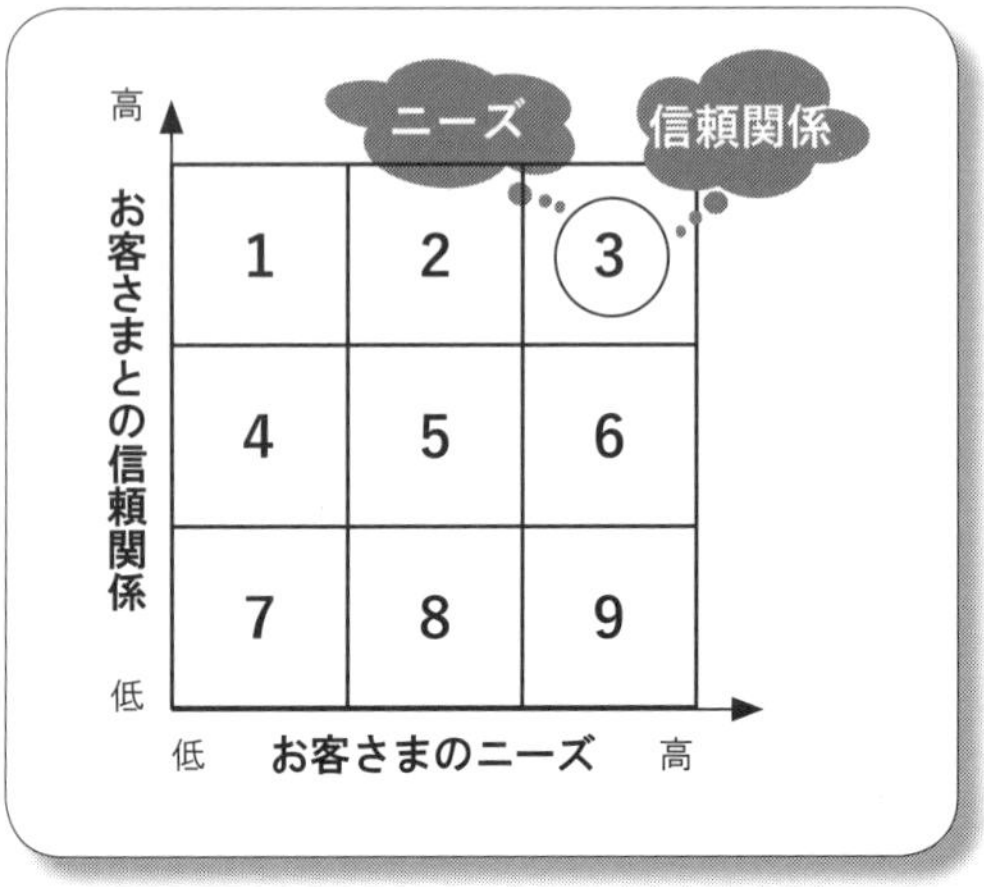

あなたは上図1~9のどこだと思いますか。縦軸を「お客さまとの信頼関係」、横軸を「お客さまのニーズ」とした場合、どうでしょうか?

間違いなく3ですね。人は、ニーズが発生したときに、信頼関係のある営業パーソンから購入するのです。

1の場合は、いくら信頼関係があっても商品の購入には至りません。

9の場合は、あなたではなく他社で加入することになります。

従って、自社から商品を購入してもらうには、まずお客さまとの信頼関係を構築し、かつその商品を必要だと気づいてもらうことが必要なのです。

信頼関係を構築するにはどうしたらいいのか

では、営業パーソンがお客さまと信頼関係を構築するには、どうしたらいいのでしょうか。例えば、何か依頼された場合はきちんと約束を守るとか、誠実に対応するとか、いろいろとあるでしょう。しかし、それは営業活動を行うにあたって、いや、そもそもビジネスをするにあたって当たり前のことです。

私たちが行っている保険の営業スタイルは、面談型の営業スタイルでした。この面談、すなわちお客さまと数十分間、接している間のコミュニケーションスキルが重要なのです。この面談している時間に、いかにお客さまと信頼関係を構築できるかはコミュニケーションスキルにかかっています。

会って話を聞いていただけるという時間が、貴重な時間であるという認識を持つことが大切です。

多くの営業パーソンは、商品を説明することは上手にできても、そもそも感情の動物でもある人間の心理に基づいてお客さまとの信頼関係を構築できるコミュニケーションができる人は少ないと言えます。それができるのは、トップセールスである上位2割の人だけと言われています。しかし、きちんとお客さまの購買心理を学習して理解し、トレーニングをすれば誰でも実践することが可能になります。

必要だと思ってもらうにはどうしたらいいのか?

次に、商品を必要だと思ってもらうにはどうしたら良いのでしょうか。お客さまに「自分にとってこの商品が必要だ」と思ってもらうことを「ニーズ顕在化」と言いますが、営業パーソンがお客さまとの商談において「ニーズ顕在化」を図ることができれば、購入に至る確率がグーンとアップします。そしてこの「ニーズ顕在化」を図る方法が、まさしく営業手法になります。

営業手法には大きく分けると2つのスタイルがあります。

ひとつは商品売込型営業です。

アプローチ→情報収集→プレゼン→クロージングといったプロセスが一般的です。ここで活躍するのは応酬・説得話法です。商談の主役はあなたです。商品の良さを並べ立て、さあ買ってください。そんなスタイルになります。お客さまとの関係は対立的になります。

しかし、このスタイルは多くの場合、お客さまが必要だと思っていないのに、つまり「ニーズ顕在化」ができていないのに無理に購入を促そうとするため、お客さまと衝突を起こしてしまいます。その結果、気まずい雰囲気になってしまい、営業パーソン自身もイヤな思いをします。最悪の場合、二度と訪問できなくなってしまうこともあります。営業での最大の失敗は、お客さまと二度と会えなくなることです。

もうひとつのスタイルはコンサルティング型の営業です。コンサルティング型の営業の主役はお客さまです。ここで必要なのは信頼関係を構築するコミュニケーションスキルです。お客さまとの関係は、支援する立場、信頼できる相談相手という立場になります。

お客さまの抱えている課題を、われわれの販売する商品で解決する。解決策としてお客さまは商品を購入する。われわれは解決の対価を保険料として受け取る。これがコンサルティング型の営業です。

しかし、実は8割以上の人は現状に満足しているか、本当は問題があるのにその問題に気がついていない、あるいは今準備している解決策で十分だと思っています。
コンサルティングとは、お客さま自身が抱えるリスクや問題を明確化し、さらにそのリスクと現在の状況とのギャップを分析し、一緒に考え、より有利な解決策（当社の保険）を示してあげることです。

そのために私たちがまずやらなければいけないことは、お客さまにリスクや問題に気づいてもらうことです。そして、お客さまに気づいていただくために適切な情報を発信していく必要があります。しかも、そのアプローチはいつも成功するとは限りません。お客さまの関心事の変化や置かれた状況、ライフイベントなどによっても左右されることから、継続的かつ定期的にすることが効果的です。

そして、この継続的かつ定期的なアプローチを繰り返すことによって、お客さまとの信頼関係が構築され、保険のプロの相談相手としての認知度を高め、その地位を確実なものとしていきます。そうすると、お客さまに何らかのニーズが発生した時に、声をかけてもらえることが可能になります。

例えば、親しくしている人が「がん」で入院した場合に、そう言えば自分の保険はどうなっていたんだっけ、と不安に思うことってありますよね。そんな時に、声をかけてもらえる関係を作っていくのです。

見込客とは何？　この定義が営業活動を大きく変える

一般的に見込客といえば、今月または来月契約になりそうな人？　と考える方も多いでしょう。かつては、売り手側から「売れそうなお客さま」を見込客とする傾向がありましたが、お客さまを獲物のように見る風潮は、あまり好ましくはありません。

見込客とは、簡単に言うと「アポイントを取っていつでも会える人」です。

えっ！　と思った方も多いかもしれません。そして、見込客とは、契約をいただいているかどうかは問いません。あくまでも「アポイントを取っていつでも会える人」

のことを見込客と定義しています。そして、複数の見込客がいる地域（職域・その他の集団）をマーケットと言います。

例えば、あなたが契約の更改時期ではないときに、十人のお客さまに「ちょっとお伺いしたいんですが……」と電話を掛けたら何人のアポイントがとれるでしょうか？そんなの十人全員にとれるに決まっているよ、と思う方もいるかもしれませんが、本当にそうでしょうか？

お客さまからすれば、年に1回、満期更改の時だけしか来てくれないと思っているわけですから「満期でもないのに突然、何しに来るのかしら？　何か保険でも売り込みに来るのかしら？」と思うのが自然ではないでしょうか。そう感じたお客さまは何か理由をつけて断ります。だから、なかなかアポイントがとれないのが実態です。

ある保険会社の訪問販売部隊が6か月点検という年に2回は必ずお客さまに面談するという施策を実行した際に、２回目のアポイントがなんと10％前後しか取れなかったという話もあります。

あなたの代理店で千人のお客さまがいたとしても、本当の意味での見込客は何人いるでしょうか。つまり既存客であっても決して見込客ではない可能性が大いにあります。この見込客の定義が、私たちの営業活動を大きく左右することになります。そして見込客をつくり出していく活動全般のことを、マーケティングと言います。営業パーソンが日常の営業活動で最も重視すべきことは、このマーケティング活動なのです。

普通の人が普通にやってできる営業手法が必要

お客さまとの信頼関係を構築し効果的なコンサルティング型の営業手法があったとしても、それがごく一部の人しかできない高度な手法であったのでは意味がありません。

一般的に高度な手法は、それ自体を外から見ると非常に見栄えが良く魅力的に見えるものです。

しかし、それをいざ実践しようと思うと普通の人には難しく、なかなか実践までには至らないということが多々あります。保険業界においては、ベストプラクティスを共有する場面がたくさんありますが、多くの場合はその場限りで、「良い話を聞いたなぁ！」で終わり、横展開されない場合がほとんどです。

「売れ続ける仕組みづくり」の営業手法である「循環型セールス手法」は、普通の人が普通にやってできる手法です。なぜなら、営業のプロセスが明確になっており、そのプロセスを進める際のルールが決められているからです。

しかも、そこで活用する営業ツールも、お客さまの購買心理に基づいて作成されています。この、普通の人が普通にやってできる営業手法こそが、今、保険代理店に必要な手法なのです。

天才的なトップセールスしかできない手法では、意味がないのです。

では、この「循環型セールス」とは、どんな手法なのかご紹介していきましょう。

2　循環型セールス手法

「循環型セールス手法」とは

営業手法には大きく分けると2つのスタイルがあります。ひとつは商品売込型の営業です。残念ながらいまだに多くの営業パーソンがこの方法をとっています。しかし、既にこの方法は通用しなくなってきています。

もうひとつのスタイルがコンサルティング型の営業です。お客さまの抱えている問題を、われわれの販売する商品で解決する。解決策としてお客さまは商品を購入する。われわれは解決の対価を保険料として受け取る。これがコンサルティング型の営業です。

自分はすでにコンサルティング型の営業を実践している、という方もいるでしょう。

しかし、自分はそう思っていてもお客さまは必ずしもそのように感じていない場合もあります。それは、最初のアプローチが商品の紹介だからです。

お客さまが欲しているのは商品ではありません。自分が抱えている問題を解決することを欲しているので、商品はあくまでも問題を解決するための手段です。しかも、多くの場合、お客さまは自分が抱えている問題に気づいていません。

では、コンサルティング型の営業を実践していくためには、具体的にどのような手法をとったらいいのでしょうか。その答えが「循環型セールス手法」です。

「循環型セールス手法」とは、お客さまにお役立ち情報を提供しながら良い人間関係を結び、マーケットを広げていく農耕型のセールスモデルです。その中で興味を持ったお客さまとは商談に入ります。お客さま自身の選択を大切にし、途切れることのない循環の輪をつくりだしていくのが循環型のマーケティング＆セールスのモデルです。

「循環型セールス手法」を学んで愚直に実践している方は、みなさん「お客さまからの相談が増えた」「お客さまとの距離が縮まった」と言っています。

しかも売り込まず、お客さまが主役であり、お客さまの承諾を取りながらプロセスを進めることで、お客さまにも営業パーソンにもストレスがなく、普通の人が普通にできる、それもお客さまから喜ばれ紹介もいただける。そして、他社がやっていないことをやるのですから、お客さま接点における差別化が可能になり、自社のブランド

循環型セールス プロセス

お客さまにお役立ち情報を提供しながら良い人間関係を構築し、マーケットを拡大していきます。そのなかで興味を持ったお客さまと商談に入ります。お客さま自身の選択を大切にし、途切れることのない循環の輪をつくりだしていくのが、循環型セールスプロセスです。

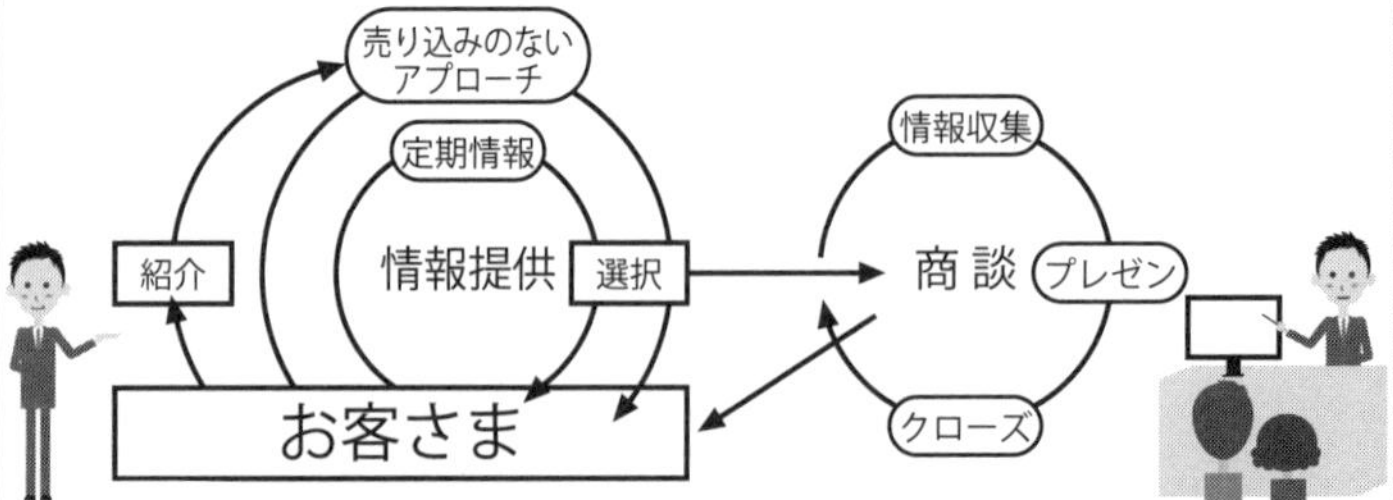

化が可能になります。それが「循環型セールス手法」です。

インターネットでいくらでも情報が入手できる今、購買の選択権はお客さまが握っています。そんな時代にどうしたらお客さまから選ばれる存在になれるのか。「循環型セールス手法」がお客さまから選ばれる代理店・営業パーソンを実現します。

「循環型セールス手法」のプロセス

「循環型セールス手法」は、お客さまとの信頼関係を構築し、本当の意味での見込客を増やしていくマーケティング活動です。一見、回りくどい方法のように思えるかもしれませんが、このマーケティング活動が代理店の永続的発展を支えていくのです。

損保代理店の営業活動の主軸である満期更改でお客さまを訪問した際のプロセスを

中心に解説していきます。

満期更改で訪問した際の手順は、次のようになります。


本日のお手続きの流れ↓会社案内↓満期更改手続き↓場の設定↓お役立ち情報の提供↓終了の宣言

まず、最初に、**本日のお手続きの流れ**（会社案内↓更改手続き↓情報提供）を説明し、お客さまの承諾を得ます。本日の商談の流れ（枠組み）を示し、了解をいただくことで、お客さまに商談のステージに上がってもらえる効果があります。

そして、3～5分程度の時間をいただいて**会社案内**を行います。この際にも、なぜ会社案内をお聞きいただきたいのか、お客さまへの想いを基にしっかりとそのいきさつ（経緯）と目的をご説明し了承をいただいたうえで実施させていただくことが重要になります。

それが終わったら、**今回満期となるご契約の更改手続き**を行います。

更改手続きが終わったら、最後に10分程度の時間をいただいて**情報提供**を行います。

この情報提供を行うには、なぜこの話を聞いていただきたいのか、聞いていただくための「場の設定」が重要になります。詳細は後述しますが、「場の設定」とは、挨拶の６か条、気配り、承諾という行為です。挨拶の６か条には、挨拶・名乗り・感謝・いきさつ・目的・時間の承諾という手順があります。

更改手続きが終了した後の場合は、感謝から始めます。

①**感謝**「本日は、自動車保険のご継続をいただき、ありがとうございました」

②**いきさつ**「実は、お客さまから最近の保険は複雑でよくわからないという話をよくお聞きします。そんな時、私たち保険のプロの立場から考える保険の選び方をお話しすると、結構参考になったと喜んでいただけることがあります」

③**目的**「そこで少しでも多くのお客さまのお役に立ちたいと思い、自分にあった合理的な保険の選び方についての『お役立ち情報』をお伝えしています」

循環型セールスのルール

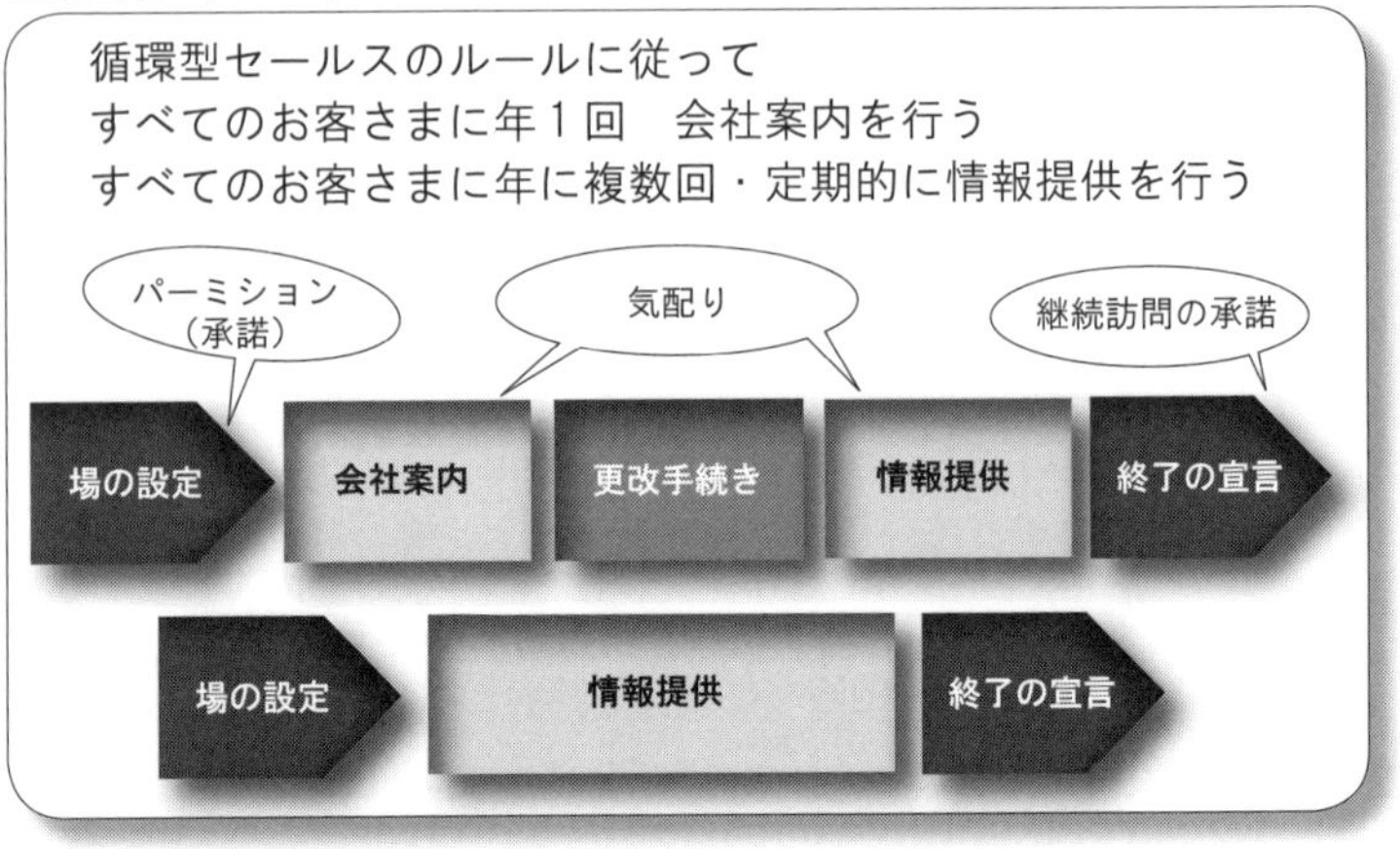

④時間の承諾「10分ほどお聞きいただいても、よろしいでしょうか？」

お客さまは、保険の営業パーソンに会うだけでも、「何か勧められるのではないか？」と思い、内心ドキドキしている可能性があります。真にお客さまのお役に立ちたいという強い気持ちを持って、礼を尽くした説明と、なぜ情報を提供させていただくのかをお客さま目線から丁寧に論理的に説明をして、初めてストレスが軽減されるものです。

情報提供が終わったら最後に**終了の宣言**を行います。これは継続訪問、つまり循環型セールスを可能にするための要のスキルになります。終了の宣言の詳細は後述しますが、主役であるお客さまの関心の有無に従い、お客さまにストレスを与えないように対応するルールになっています。

最後に、継続訪問の承諾をいただいてから帰ります。営業パーソンとして最も重要視すべきは、いつでも会っていただける関係を、日頃の営業活動の中でどれだけ多くのお客さまと構築していくことができるかということです。それが成否を決めることになります。

さて、これら一連の作業にかかる時間は、更改手続きを除けばせいぜい15分程度です。

さらに、この一連のプロセスには、お客さまの購買心理に基づいたコミュニケーションスキルがあります。これらのプロセスからスキルまですべて標準化かつ体系化されていることによって、普通の人が普通にできる営業手法になっています。

会社案内でお客さまに想いを伝える

「循環型セールス手法」で要となるプロセスは2つあり、そのひとつが会社案内です。

「会社案内？　それならうちにもあるし、当たり前じゃないの？」

そう思われる方もいるかもしれません。

「会社案内をどのように使っていらっしゃいますか？」とたずねると、「初めてお会いしたお客さまにお渡ししています」という方も多いのではないでしょうか？

もったいない！

会社案内は単なる営業ツールではありません。

会社案内の目的は、自社の会社を説明することではありません。私たちはどんな想いでお客さまに接していきたいのか、何をめざしているのか、お客さまのどんなお役に立ちたいのか、つまり経営理念や経営ビジョンといった私たちの「想い」をお伝えすることであり、お客さまへのコミットメントです。

会社案内を作る際に最低限記載すべきこととして押さえておきたい項目は「経営理念」「会社概要」「会社の沿革」「取扱商品」です。特に「経営理念」が最も重要になります。

経営理念とは代理店自身が自らの経営のめざす姿を明らかにして定めたもの、組織の存在意義や使命を、普遍的な形で表した基本的価値の表明です。何のために代理店という事業を営むのか（存在意義・使命）、お客さまに対してどのような代理店になるのか、地域社会に対してどのように貢献するのか、保険業界の中でどのような代理店になるのか、といったことを広く世の中に表明し、その方向に向かって組織がベクトルを合わせて発展していくための重要なものです。

そしてこの会社案内は年に1回、必ずお客さまにお伝えします。会社案内を通じて自社のお客さまへの「想い」を繰り返しお伝えすることによって、お客さまの心の中に代理店のブランドを醸成していくことが可能になります。まさしくこれが差別化です。

差別化とは攻めの戦略であり、ある一定の領域で意図的に他社の質を相対的に上回ることです。お客さまの心の中にある代理店に対するブランドという領域において、あなたの代理店が特別な存在になることが可能になるのです。

そして、営業パーソン自身の「自己紹介」も入れておくことをお勧めします。「自己紹介」のページには、例えば、出身地とか経歴、趣味などを掲載します。これは営業パーソンがお客さまに親しみを持っていただくことに役立ちます。

一般的に相手に親しみを感じてもらうためには、仕事の話だけでなく、ちょっとした自分のプライベートな話や心の内面を見せることが必要です。自分がなぜ保険の営業をしているのか、どのような想いを持ってこの仕事をしているのか、そして、その根拠となる自らの体験（挫折や成功体験など）を聞いていただくのです。人は相手の内面に触れた時に親しみを感じます。特に、初対面の人や気心が知れていない人の心を開き、親近感を抱いてもらうのに効果的な方法です。

人は、高額で複雑な商品になればなるほど、信頼できる人から購入したいという心理がはたらきます。会社案内によって、お客さまとの信頼関係を飛躍的に高めることが可能になります。生命保険のような高額で長期にわたるお付き合いが前提となる商品ともなれば、人生という大きな視点からお付き合いを判断されることになるわけですから、なおさら会社案内・自己紹介は必須のアイテムとなります。

営業パーソンの方から先に「自己開示」をすることで、お客さまの心の壁を下げていただくことになりますが、ここで大切なことは、会社案内の押し売りにならないこと。最初に、なぜ会社案内や自己紹介をするのかを説明し、そのうえで会社案内をさせていただいていいか、承諾をきちんと得た場合に実施することが基本です。

会社案内の構成については詳細は省略しますが、みなさんも物を購入する際や購入する相手を決める際に知りたいことは、

「この営業パーソンはどんな人だろうか？　信頼できるのか？　なぜこの仕事をして

いるのだろうか？」

「どんなスキルや知識・ノウハウがあるのか？　優秀な人なのだろうか？」

「付き合うメリットはある人なのか？」

　ということではないでしょうか。

　その気持ちに応えるための行為のひとつが、この会社案内です。それもご理解いただきやすいように紙芝居形式で説明を行います。これは、ストーリー形式で説明することで、人間の理解力を高めるという効果も考えた仕組みになっています。会社案内を始めた保険代理店・営業パーソンの中には、会社案内だけで多種目化が進んだというケースも数多くあります。


　会社案内には必ず取扱種目を入れておくことをお勧めします。

　取扱種目をあらためて説明したところ、

「えっ！　生命保険も扱っていたの？」

「なんだ！　自動車保険屋さんかと思っていた。火災保険もできるならお願いするわ」

といったように、会社案内だけでも多種目化が進んでいくことがあります。営業パーソンの中には「何かあったら連絡ください」とお客さまに伝えている方がおられますが、おそらく、その何かがお客さまにはイメージできていないのではないでしょうか。

営業パーソンとして、お客さまにどのようにお役に立てるのか、何ができるのか、信頼できるのかを認知していただくための活動を日頃から継続的に実践していくことが、差別化の大きなポイントになります。

お客さまの購買心理に基づいた情報提供が気づきをもたらす

「循環型セールス手法」で要となるプロセスの２つ目は、情報提供です。これは満期更改手続きが終わったあと、10分程度の時間をいただいて行います。

「情報提供？　それって、自分もやってるけど何が違うの？」と思う方もいるかもしれません。

ここで行う情報提供は、商品情報ではありません。保険の買い方情報、選び方情報などです。そして、この情報提供は、専用のツールである「プロシージャー」（手順書）を使って行います。この「プロシージャー」を活用することによって、普通の人が普通にやって成果につなげることが可能になります。

何度か見てきたように、ほとんどのお客さまは現状に満足している、または本当は問題を抱えているのにその問題に気づいていません。従って、私たちはこの状態を前提にした営業活動を行う必要があります。

そのため、「プロシージャー」の目的のひとつは、お客さまの潜在的な不満に働きかけて、抱えている問題に気づいていただくことです。このために、「プロシージャー」には3つの特徴があります。

ひとつ目は、保険の買い方や選び方に関する情報であること。

これは、「○○を購入する場合は、○○のようなことを基準に選んだらいいです」というもので、商品情報ではありません。

例えば、医療保険を選ぶ場合は、「治療の際の入院日数が年々減少していること」や「がん治療においては通院による治療が増えていること」など、最近の医療事情を考えて備える必要があること。その際には医療保険の仕組みを理解して「○○を基準に選んだらいいですよ」ということです。

内容は、あくまでも保険の買い方、選び方に関する情報です。その際には、一般的に抱える問題点を示し、その問題の解決策としてよりよい姿をお見せすることです。

そのことで、

「えっ！　それがお得な保険の加入方法なのか」

「加入したときは言われたままに契約したけど、ひょっとして損していないかなぁ？」

「正しい選び方を基に医療保険を見直した方がいいのではないだろうか」

といった問題に気づいていただくことになります。人は問題に気づくと解決したくなる心理になりますので、お客さまに共感いただけるように伝えることが重要になります。

2つ目は、物語（ストーリー）になっていること。

「プロシージャー」は通常、8〜10ページ程度の紙芝居形式になっています。営業パーソンはこの紙芝居を1枚、1枚めくりながら伝えていきます。そしてこの紙芝居の流れは、「一般的にお客さまが抱える問題点↓なぜそうなるのか」「原因・理由↓それを解決するためにはどうしたらいいのか」という内容になります。

3つ目は、必ずスクリプトがあること。

スクリプトは、プロシージャーの内容を効果的に伝えるために、重要な役割を果たします。高い品質で何度でも誰にでもお伝えするために必要不可欠なものです。このスクリプトに基づいて自分の言葉で伝えられるようになるまでトレーニングすることで、レベルの高いコミュニケーションが可能になります。

スクリプトに基づいて内容を理解したうえで話すことで、

- **伝えるべきことを、論理的かつ効果的に伝えることができる**
- **すべてのお客さまに何度でも効果的な伝え方ができる**
- **図と言葉を使って説明することで、お客さまの記憶に残りやすい**

といった効果が期待できます。

大切なことは、お客さまに理解、共感いただき、記憶していただくということです。

これらの３つの特徴のおかげで、トップセールスの人がやっていることを、普通の人が普通にできるようになるのです。その前提条件として、事前に十分に練習する必要があります。

「循環型セールス手法」では、１回の情報提供にかける時間はせいぜい10分程度です。情報提供をお伝えしたら、お客さまに興味があるかどうかを確認して終了します。

《場の設定》で聞く耳を持っていただく

「循環型セールス手法」は、会社案内と情報提供という基本プロセスをもとにお客さまとの信頼関係を構築し、継続訪問を可能にする「農耕型」のセールスモデルです。そこには、お客さまの心理に基づくコミュニケーションスキルがあります。そのひとつが「場の設定」です。

「場の設定」とは、お客さまに聞く耳を持っていただくためのスキルです。

実は、お客さまと接する際の最初で最大のハードルは、お客さまに**聞く気になってもらえるか**ということです。これは理屈ではなく感情のハードルです。

「ちょっと聞いてもらいたいことがあるのですが……」と言っただけでは、お客さまは、

「何か保険を売り込まれるのではないか」

「話を聞いたら保険に入れって言われるんじゃないか」
と思う方もいるはずです。ですから、保険の売り込みではなくお客さまのお役に立つ情報を聞いていただきたいということを、きちんとお伝えすることが必要です。

そのために、「場の設定」は、挨拶・名乗り・感謝・いきさつ・目的・時間の承諾（パーミション）の６つの要素と、気配り（代弁話法）・承諾（パーミション）からなっています。

特に**いきさつ・目的**では、お客さまに「それならちょっと聞いてみよう」と思っていただくトークになっていることが重要です。例えば、一般的に多くのお客さまが抱えている問題やテレビ・新聞で話題になっていることなどが有効です。人間は論理的に、聞く必要性（自分のメリットになる、自分のデメリット回避に役立つ）を理解すると聞いてみようという気持ちになるものです。

また、話を聞いていただくために、10分ほど時間をいただきたいという**時間の承諾**

（パーミション）をもらうことも重要です。そして、原則として、情報提供は約束した時間内に終わらせます。ここで、10分と約束したのに、いい話につなげようと20分、30分と引き延ばしてしまっては逆効果です。10分だから「いいですよ」と言ったのに、ちょっと気を許したらやっぱり保険のお勧めかと思われてしまい、次回から聞いていただくことができなくなってしまいます。

お客さまが情報提供の内容に興味を持ち、約束の時間をオーバーしそうになったら、再度、時間の承諾をいただきます。小さなことから、お客さまの営業パーソンに対するイメージを払拭し、くつがえしていくことが大切です。

次に大切なのが、**気配り**というスキルです。これはお客さまの感情や気持ちを先に営業パーソンから代弁してさしあげるというもので、「代弁話法」とも言われます。

例えば、

「すでにご承知かもしれませんが……」

「また保険かと思われたかもしれませんが……」

など、お客さまの気持ちを汲み取ってトークに入れることで、お客さまに「この営業パーソンはよくわかっているな」と感じていただくことができ、このスキルもお客さまとの距離を縮めるうえで、重要な位置づけになります。

最後に**承諾（パーミション）**というスキルです。昨今の接客においては、どの業界もお客さまの承諾を前提にサービスを提供していくことが、一般的になってきています。例えば、レストランでもお水を注ぐときや灰皿を交換する際にでも、必ずお客さまの承諾をとってからサービスを提供します。

保険業界における接客においても同様に、お客さまの承諾を取りながら営業プロセスを進めていきましょう。

例えば、

「このパンフレットを使ってご説明させていただいてよろしいでしょうか？」

「次にお客さまのご要望をお聞きしてもよろしいでしょうか？」

というように、営業プロセスを進めるうえで、次のプロセスに進む前に必ずお客さまの承諾を取ることで、お客さまが主役となりお客さまの承諾を前提に商談プロセスを進めることができ、お客さまのストレスの最小化を図るとともに、営業パーソンのストレスも低下させるという効果があります。

これらのコミュニケーションスキルによって、お客さまとの信頼関係を高めていくことが可能になります。

「循環型セールス手法」は会社案内や情報提供をするだけと考えている方が一部おられるようですが、こうした営業スキルも訓練して実践していくことで、初めてお客さまの保険の相談相手として認知されることにつながるということを理解しておく必要があります。

《終了の宣言》が継続訪問を可能にする

多くの営業パーソンは、

「お客さまのところに訪問したいけど用事がないので行けない」

「訪問するためにアポイントをとろうとしてもお客さまから警戒されているのでアポイントがとれない」

といった悩みを抱えています。

「循環型セールス手法」では、年に1回会社案内を行いますが、情報提供は、満期更改の時に限らず、年に複数回、定期的に訪問して情報提供をさせていただきます。では、満期更改の時は通常は問題なく訪問のためのアポイントをとることができますが、それ以外のときにアポイントをとれる、つまり訪問できるようにするには、どうしたらいいのでしょうか。

この継続訪問を可能にするためのコミュニケーションスキルが「終了の宣言」です。

「終了の宣言」とは、引き続き継続して情報提供に訪問させていただくために、お客さまから承諾をいただくスキルです。このスキルがあって初めて「循環型セールス手法」による定期的な継続訪問が可能になります。

情報提供の最後に、今回の内容について何か疑問に思われる点、あるいはお聞きになりたい点があるかどうか、そして、このような内容に興味があるかどうかをお客さまに確認します。「興味があるのでもう少し詳しく教えてほしい」とか「どんな商品があるのか聞きたい」といった場合は、お客さまの承諾をいただいたうえで次のステップに進みます。

お客さまが関心がある内容を詳細にお聞きし、商談に入っていいかどうかの確認をし、承諾をいただけたら、具体的な商談のステージに入ります。

商談のステージでは、**ヒアリング↓仮提案↓最終提案↓クローズ**という流れになります。

詳細なヒアリングの内容や手続きの流れについては省略しますが、大切なことは商談のステージにおいても、お客さまのニーズを十分にヒアリングをさせていただき、つまり、意向把握を丁寧にし、仮提案をすることで、意向確認を行い、最終提案では、お客さまの意向に合致した内容でプレゼンをし、最終的に契約締結をしていただくかどうかを判断していただくというものです。

ここで大切なことは、世間一般に言われている**クロージング**（背中を押す）のような行為は一切行わないことです。最終判断に迷われている場合は、その原因を質問して把握させていただき、迷う原因を払拭するお手伝いをすることに注力をし、最終的にはお客さまの判断に委ねるということが「循環型セールス手法」の基本姿勢です。ここで、ごり押しで契約を締結できたとしても、お客さまとの関係性は一変してしまうと思います。

提供した情報に興味がないと言われたら、お時間をいただいたことに感謝を述べたうえで、帰り際に、

「このようなお役立ち情報が他にもありますので、またお伺いしてもよろしいでしょ

うか」

と継続訪問の承諾を得て帰ります。

大切なことは、必ずご提供した情報に関して、お客さまの関心の有無を前提に、商談を進めるかどうかを判断することです。そのことで、お客さまのストレスを軽減させることが可能となります。「関心がない」と言えば、営業パーソンは帰ってくれるのですから。

営業パーソンにとっても、お客さまが「関心がある、ない」と言ってくれるわけですから、判断しやすくなります。「ひょっとして、関心があるかも」と勘違いをして、無理に粘る必要はないのですから。


そして、もうひとつ大切なことは、必ず帰り際に再訪していいかの確認をとり、承諾をいただくことです。

通常は、無理な売り込みをしてお客さまにイヤな思いをさせていなければ、次回の訪問の承諾をいただくことができます。万一、承諾をいただけなかったとしたら、それは何か不愉快な思いをさせてしまったと考えてください。

一旦、本日の面談のお礼と帰る挨拶をした後、必ず帰り際、ドアノブに手をかけたと同時に思い出したかのごとく振り返って

「あっ！　また、良い情報があったらお届けをしてよろしいでしょうか？」

とお聞きし、お客さまから

「あっ、はい。いいですよ」という承諾を取ることです。

お客さまの心理は、

「やれやれ、やっと商談が終わった」

と安堵されている状態であるところに、刑事コロンボや古畑任三郎、杉下右京といった刑事ドラマのごとく、急に振り返って再訪の了解を得るのが「コツ」になります。

お客さまは「ホッ！」とされた心理状態にあることから、営業パーソンの依頼を受け入れやすく、了解が得やすいということになります。

同じイエスをいただくにしても、お客さまのストレス軽減を意識した対応が、お客さまとの信頼関係を作るうえでは重要になります。

情報提供をした後で、よく起こす間違いは、

「せっかく話を聞いてもらったので何とか商品説明までさせてもらいたい」

「見積りだけでも出させてもらいたい」

と、欲を出してしまうことです。

もちろん、お客さまが望んでいるのであれば次のステップに進めていきますが、興味を示していないのに無理に進めようとすると失敗しますし、二度と話を聞いていただけなくなるリスクが高まります。

情報提供の2つの効果

「循環型セールス」における**プロシージャー**を活用した情報提供には、大きく2つの効果があります。

ほとんどのお客さまは現状に満足している、または本当は問題を抱えているのにそのことに気づいていません。従って、プロシージャー―による情報提供の目的のひとつは、お客さま目線で分かりやすく、お客さまの潜在的な不満・不安に働きかけて、本当はお客さまが抱えている問題に気づいていただくという効果があります。結果、「自分の場合はどうなのか？　診断してほしい」というニーズ顕在化につながります。

しかしプロシージャーといえども、魔法のツールではありません。毎回、必ずお客さまに興味を持っていただくことができるかと言ったら、それは無理な話です。時々「もっとお客さまがすぐに興味を示してくれるようなツールが欲しい」という声を聞くことがありますが、残念ながらそんなものはありません。

興味を示してくれなかったから**失敗**なのかというと、そうではありません。今、その情報には興味がないだけであって、「いい話を聞かせてくれてありがとう」と言っていただければ成功なのです。なぜなら、プロシージャーによる情報提供にはもうひとつの大きな効果があるからです。

それはプロシージャーを聞いていただくことによってお客さまに、私たちが保険のプロであることを認識していただくことが可能になるからです。プロシージャーによる情報提供には**私たちは保険のプロの相談相手として、このような解決策を提供できる技術があります**ということを伝える効果があります。

例えば、医療事情に関する情報提供をしたところ火災保険の相談を受けたという事例がたくさんあります。また、何か月後かに、

「○○さん、実は○○保険の件で相談にのってもらいたいんだけど」

とお電話をいただくことも数多くあるのです。

このようにして、情報提供を繰り返すことによってお客さまとの信頼関係が構築され、保険のプロの相談相手としての地位を築いていきます。それによって、お客さまに何らかのニーズが発生した時に、声をかけてもらえる関係を作ることができます。

例えば、親しくしている人が「がん」で入院した場合に、「そう言えば自分の保険

はどうなっていたんだっけ」と不安に思うことってありますよね。そんな時に、声をかけてもらえる関係を作っていくのです。

伸び悩んでいる営業パーソンほど、契約が取れないことを営業ツールのせいにしがちです。トレーニングもせずにあるツールを使ってみてお客さまの反応が悪ければ、このツールは使えないとまた別のツールを使うといった傾向です。どんなお客さまでもすぐに興味を示してくれる魔法のツールはないということを理解したうえで、まずは、保険のプロの相談相手として認知してもらうためにはどうしたらいいかということを考えてほしいものです。

情報提供は会社案内同様にお客さまの承諾を前提に実施しますが、トークの仕方いかんでは、お客さまに売り込みの印象を与えかねないものです。プロとして、十分なトレーニングをし、お客さまに共感いただけるレベルまで、日々実践していくことが肝要です。そして、日ごろから公正・公平な立場で、真にお客さまの役に立ちたいという気持ちを持って情報提供を行い、売り込みをしない安心・信頼できる営業パーソンであるという印象を大切にしておくことがもっとも重要です。

お客さまとの信頼関係を構築し、保険の営業パーソンとして指名をしてもらうことに注力することによって、お客さまは私たちの話に共感しやすくなり、結果、行動が変わり、成約の確率が高まっていくのです。

マサチューセッツ工科大学のダニエル・キム教授が「成功の循環」という法則を提唱していますが、まさにこのことを実践していくのが「循環型セールス手法」なのです。

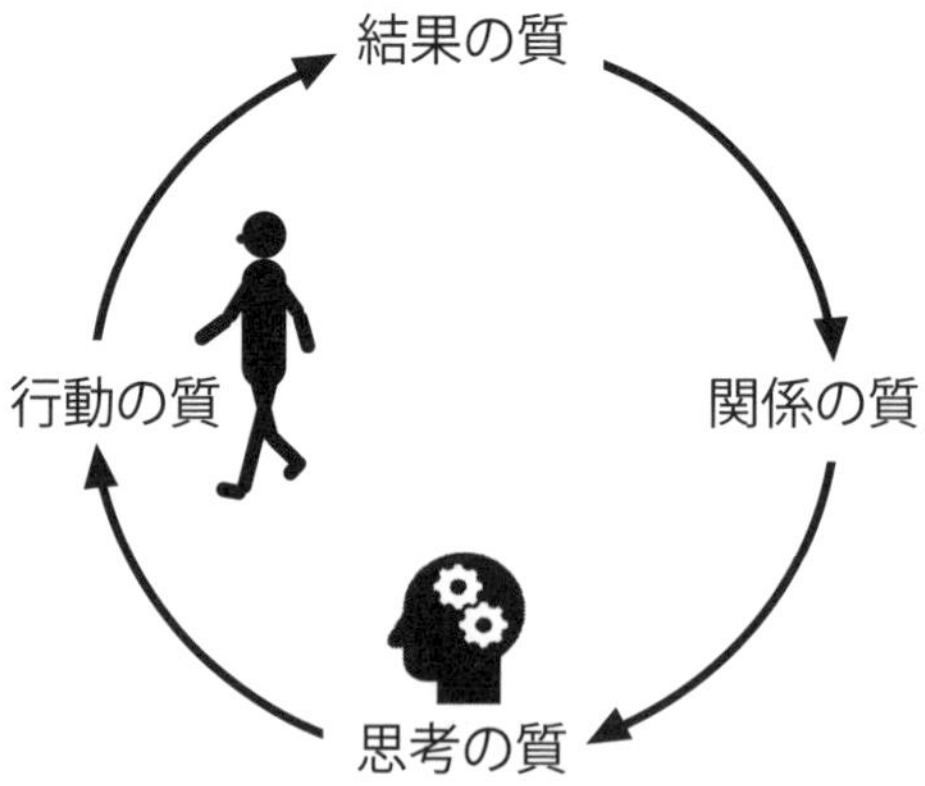

ダニエル・キム（MIT 教授）の「組織の成功循環モデル」

３「循環型セールス手法」で差別化を図る

「循環型セールス手法」で差別化を図る

保険代理店として差別化を図る視点は３つありました。

①自社の存在意義・事業領域を明確にする。経営理念・経営ビジョンをお客さまに発信し自社のブランド化を図る
②営業エリア（地域・商圏）を絞り、対象とする客層を明確にする
③他社と異なる、お客さまの立場に立った営業手法・営業スキルを実践する

この差別化を実現するのが「循環型セールス手法」です。販売戦略で営業エリア（地域）を絞り、対象とする客層を明確にし、そのマーケットに対して「循環型セールス」

という営業手法によってアプローチを繰り返していきます。

会社案内の目的は、私たちはどんな想いでお客さまに接していきたいのか、何をめざしているのか、お客さまのどんなお役に立ちたいのか、つまり経営理念や経営ビジョンといった私たちの「想い」をお伝えし、お客さまに営業パーソンとしてのコミットメントを行うことです。

情報提供の目的は、お客さまの潜在的な不満にはたらきかけ、抱えている問題に気づいていただくこと、及び保険のプロの相談相手として認知していただくことです。

お客さまの保険営業に対するストレスを最小化していくスキルを実践しながら、この会社案内と情報提供を繰り返しお伝えすることによって、お客さまの心の中に代理店のブランド、つまり、他の代理店とは違う、そして、保険のことならこの代理店、この営業パーソンに相談しようという気持ちを醸成していくことが可能になります。

お客さまとの定期的な接触が信頼関係を高める

人は接する回数が増えるほど好意度や印象が高まります。この効果を「単純接触効果」と言います。この「単純接触効果」について、１９６８年アメリカの心理学者ロバート・ザイアンスが論文にまとめ発表したことから、「ザイアンスの法則」とも呼ばれています。

一般的に、

「人は知らない人には攻撃的、冷淡な対応をする」

という心理的側面を持っています。また反対に、

「人は会えば会うほど好意を持つようになる」

「人は相手の人間的な側面を知ったとき、より強く相手に好意を持つようになる」

という側面もあります。

昔は「七夕営業」と揶揄されていましたが、年に1回、満期更改の時にしか来ない、それも玄関先でそそくさと手続きをすませて帰っていく営業パーソンと、年に複数回来てくれて、しかも来るたびにいい情報を教えてくれる営業パーソンと、どちらを選ぶでしょうか。

実際に「循環型セールス手法」を実践しているある代理店においては、お客さまを年に4回は必ず訪問するという仕組みを作って高い生産性を上げています。これはまさにザイアンスの法則を代理店経営の仕組みに反映させて成功している事例と言えるでしょう。

「循環型セールス手法」が紹介の連鎖を生む

「循環型セールス手法」を愚直に実践している人からは、こちらから紹介を依頼していなくても、

「知り合いの○○さんから○○保険事務所の○○さん（営業パーソン）を紹介してもらったので連絡しました」

という電話がかかってくるようになる、という話をよくお聞きします。

損害保険の営業においては、お客さまに紹介を依頼する、紹介していただくといった営業活動は、ほとんど行われていないのが現状です。

そもそも「どうやって紹介を依頼したらいいのかがわからない」という原因があるかもしれませんが、営業パーソンの心理として「紹介を依頼したら、お客さまに嫌われるのではないか」といったこともあるようです。

では、お客さま側の心理を考えた場合どうでしょうか。営業パーソンから、

「どなたかお知り合いを紹介していただけませんか」

と言われた場合、

「下手に紹介したら、その友人に保険を売り込みにいくのではないか、そんなことに

なったら友人との関係が悪くなってしまうから、うかつに紹介なんかできない」

と思うのが、普通ではないでしょうか。

残念ながらお客さまが一般的な保険の営業パーソンに持っているイメージは、何か売り込みされるのではないかという警戒感なのです。

これとは反対に、

「いつもうちに来てくれる営業パーソンは、売り込みもしないし、きちんと会社案内をしてくれて信頼できる人だ。しかも、いつもいい情報を聞かせてくれて……なんか保険は複雑でよくわからないと思っていたけど、この人なら信頼して相談できそうだ。だから、私の友人の○○さんに紹介してあげたらきっと喜んでもらえるだろう」

とお客さまが思っていたら、どうでしょうか。

自分の家の近くに美味しいケーキ屋さんがあったら、

「あそこのケーキ、すごく美味しいの。うちの娘の誕生日には、いつもあそこから買っているの」

と頼まれてもいないのに、友人に紹介したりしませんか。

そう、口コミですね。

人は「人に喜んでもらいたい」という心理を持っています。だから、うちに来てくれている営業パーソンを紹介したら、きっと友人も喜んでくれるはずだという信頼関係を作っておくことが、紹介を生むことになるのです。

実際にお客さまから紹介を得ていくには、前述の考え方を基本にいろいろと実践すべき営業行動がありますが、別の機会でご紹介できればと思います。

「循環型セールス手法」が担当替えを可能にする

「循環型セールス手法」では、代理店の営業パーソン全員が会社案内と情報提供を行います。このように、社員全員がどのお客さまに対しても同じ営業プロセスで接する効果は絶大です。

お客さまは営業パーソン個人のお客さまではなく、あなたの代理店、つまり組織のお客さまのはずです。なのに、担当する営業パーソンによって接し方が異なっていては代理店のブランド化を実現することはできません。

お客さまの立場からみれば、

「○○代理店の営業パーソンは、誰が来ても売り込みをせず、同じ姿勢で、お客さまの立場に立って接客を行い、会社案内と情報提供をして帰っていく」

ということが、信頼関係を作っていくのです。

しかも、これによってお客さまの担当替えが可能になります。お客さまが営業パーソン個人についている限り担当替えはできません。組織のお客さまになることで初めて担当替えが可能になります。

担当替えをすると、組織として非常に生産性の高い営業活動ができるようになります。例えば、いくつかの地域に分けて営業パーソンを配置することができ、営業パーソン単位で見れば一定の地域で移動時間をかけることなく効率的な営業活動ができます。そして、この担当地域を一定期間ごとに入れ替える、つまり担当替えすることでさらに営業の生産性を高めることが可能になります。

営業パーソンは一度お客さまに商品提案を拒否された場合、同じお客さまに二度と同じ提案はできないものですが、担当者変更を行うことによって、営業パーソンのお客さまへの固定概念を取り除くことができ、継続してアプローチをしていくことで、結果、多種目化が進んでいくのです。

プロセス管理で改善を図る

例えば、毎月、多くの新規契約を獲得してくる営業パーソンＡさんがいたとします。一方で、なかなか成績の上がらない営業パーソンＢさんがいたとします。Ａさんみたいに優秀な人ばかりであれば代理店経営は安泰かもしれません。しかし、残念ながらどの業界においてもBさんのほうが圧倒的に多いのが現実です。

では、この圧倒的に多いBさんをどうやって指導・育成していったらいいのでしょうか。その答えがプロセス管理にあります。

情報提供を繰り返していると、一定の割合で必ずそこから成約につながっていきます。

その流れは、**情報提供↓そこから商品説明へ↓そこから見積提出へ↓そして成約へ**というプロセスになります。しかも、各プロセスには必ず一定の確率が存在します。「循環型セールス手法」におけるこの確率は目安となる数値はありますが、実際には営業パーソンごとに集計することによって、経験値として積み重ねられていくものです。

例えば、情報提供した件数が１００件↓そこから商品説明に至った件数が30件↓さらにそこから見積提出に至った件数が20件↓そこから最終的に成約に至った件数が10件、という具合です。

もし、情報提供した件数が１００件↓そこから商品説明に至った件数が5件しかなかったらどうでしょうか。何が原因なのでしょうか。

いくつか想定される原因はありますが、例えば、「プロシージャーの内容を伝えるトレーニングが不足しているので、お客さまになかなか興味を持ってもらうことができない」、あるいは「情報提供が売り込みになっていてお客さまから拒否される」などということが考えられます。つまり情報提供の方法に問題があるということが分かります。従って、この方法を改善すれば、商品説明に至る確率が高まるという分析が可能になります。

また、例えば、情報提供した件数が１００件↓そこから商品説明に至った件数が70件だった場合はどうでしょうか。この確率は一見、良いように見えますが本当にそうでしょうか。

実際に実践している方の経験値として、残念ながらそんなに高い確率で商品説明に至ることはありません。ではなぜ、こんな高い確率になるのでしょうか。
想定される原因としては、やはり売り込みをしている、もしくはお客さまが良い反応を示していないのに、「ぜひ、商品の説明だけでもさせてください」と無理に次のステップに進めていることが考えられます。これでは、情報提供と言いながら商品の売り込みをしているのと同じことになってしまいます。この場合もやはり伝え方を改善する必要があります。

成約という結果だけを管理していたのでは、いつまでたっても改善することはできません。「循環型セールス手法」では、**情報提供↓そこから商品説明へ↓そこから見積提出へ↓そして成約へ**というようにプロセスを分解することができます。そして各プロセスに進んだ割合を管理することによって、どこで詰まっているのか、その原因は何か、ということを明らかにし、改善につなげることが可能になるわけです。

人材育成に効果を発揮する

従来、多くの代理店においてセールスのやり方は、営業パーソン個人のスキルに頼ってきました。つまり、営業パーソンがお客さまに会ってどのようなプロセスでセールスをしているのか、個人個人でやり方は異なっており、その中身はブラックボックスになっていたわけです。

しかし「循環型セールス手法」は違います。お客さまに訪問した際にやるべきことは**会社案内**と**情報提供**です。しかも、その際に活用するツールは決まっており、スクリプトによって一定レベル以上の効果的なコミュニケーションを図ることができます。

従って、もしあなたの代理店で業界未経験者を採用したとしても、迷うことなく育成することができます。会社案内と情報提供を行うための十分なトレーニングをすれば、すぐに営業活動に出ることが可能になるのです。

さらに、日々の指導においてはプロセス管理が効果を発揮します。プロセス管理をきちんとしながら改善を図ることによって、早期に育成が可能になるわけです。

自社ではなかなか育成ができないということを理由に業界未経験者を採用することをためらっていた代理店も多いはずです。しかし、「循環型セールス手法」に取り組むことによって、採用候補の幅を広げ、より良い人材の採用につなげることができます。

少しずつではありますが、大卒の新入社員や他業界から中途採用をされている代理店も増えてきており、このプロセス管理は代理店経営の必須の経営手法になってくるものと考えます。

第5章　信頼関係を構築する【営業スキル】

1　なぜ、営業スキルが必要なのか

軽視されてきたコミュニケーションスキル

人間は感情の動物です。そして、営業は感情の動物である人と人とのコミュニケーションで成り立っています。どんなに優れた商品であっても、どんなに相手に役立つ提案であっても、コミュニケーションがうまくとれていなければ購入してもらうことはできません。

デパートに買い物に行った時、どんなに良い商品だと思っても店員の態度が気に入らなければ買う気になりません。買う気になるかならないかは、理屈や論理よりも感情によって大きく左右されているのです。

保険料さえ安ければ購入してもらえるのでしょうか？

他社より優れた提案であれば必ず採用してもらえるのでしょうか？

もしかして、私たちは、コミュニケーションを軽視していないでしょうか。残念ながら、営業におけるお客さまとの効果的なコミュニケーションの方法についてちゃんと学んだことがないという方がほとんどだと思います。だから、たとえベテランの営業パーソンであっても自己流でやってきたという方が多いはずです。

営業パーソンは、お客さまの心理に基づいた効果的なコミュニケーションスキルを身に付ける必要があります。

そもそも人間の特性を知る

効果的なコミュニケーションスキルを身に付けるためには、まず、そもそも人間の特性を知っておく必要があります。ここでは、営業パーソンとして基本的に知っておきたいことを見ていきましょう。

・人は嫌いな人とは付き合わない

人は自分が嫌いな営業パーソンから、わざわざ物を買うことはありません。自分を不快な気持ちにさせるような営業パーソンと敢えて付き合う必要はないのです。商品が良くても営業パーソンが気に入らなければ商品さえも色あせて見えます。複雑なうえに高額で、しかも購入後も永いお付き合いが必要となる保険商品の場合はなおさらです。

・人は接する回数が増えるほど好感度が高まる

一般的に、「人は知らない人には攻撃的、冷淡な対応をする」という心理的側面を持っていますが、反対に「人は会えば会うほど好意を持つようになる」「人は相手の人間的な側面を知ったとき、より強く相手に好意を持つようになる」

と言われています。従って、お客さまと親しくなるには、面談回数を増やす必要があります。

・人は自分に好意を持ってくれる人に好意を持つ

人は、他人からの好意を無にして、恩知らず・礼儀知らずと思われないために、何らかの恩返しをしようとする、もらいっ放しの状態を居心地悪く感じるという心理があります。

また、人は相手から好意を持たれると、こちらも好意を持ってしまいます（好意の返報性）。反対に相手から悪意を持たれると、こちらも悪意を持ってしまいます（悪意の返報性）。従って、できるだけ相手に悪い感情を持たず、好意を持つことです。そうすれば相手からも好意を持たれる可能性が高まるでしょう。

相手に好意を持っていることを示すには、「相手に興味を持って相手のことを質問する」という方法があります。人は、相手が自分のことを知りたがっていると感じると、自分に対して重要感を感じ、自尊心が満足して相手に好意を抱いてしまうのです。

・人は信頼関係のある人の話は受け入れる

人は、見ず知らずの人の話は、たとえその提案や商品がどんなに素晴らしくても受け入れないものです。反対に、人は信頼関係のある人の話は受け入れるものです。従って、営業パーソンの提案をスムーズに受け入れてもらうためには、まずお客さまとの信頼関係をつくることが必要です。

・人は話すことによって癒される

人は自分の話をよく聞いてくれる人の前では饒舌になります。自分の胸の内を話すことによって癒されるからです。**話す**ことは、問題を**放す**ことでもあるのです。カウンセラーは徹底的に相手の話を聞きます。そして、人は自分の話をよく聞いてくれる人を好きになります。

営業パーソンは、自分は必要以上にしゃべらず、いかにお客さまに楽しく胸の内を話してもらうかを考えましょう。

しゃべる営業から聴く営業へ

昔の営業パーソンは、立て板に水、つまり、いかにすらすらとセールストークをしゃべれるかが大事でした。商品の良さを並べ立てて、いやがるお客さまにいかに購入させるか。そこで必要なのは応酬・説得話法でした。

このような**しゃべる営業**においては、主役は営業パーソンであり、お客さまとの関係は**対立的、ＷＩＮ－ＬＯＳＥ**の関係です。

ところが最近では、このような商品売込型の「必殺（キラー）のセールストーク」みたいなものは、すっかり姿を消してしまったようです。なぜなら、最近の消費者はますます売り込みを嫌う傾向が強くなってきているからです。消費者は、様々な情報を元に自分にあった商品を自分で選びたいのです。そして、その際には、自分のことを親身になって考えてくれる、信頼できる相談相手を求めています。

このような時代に受け入れられるのは**聴く営業**です。**聴く営業**において主役はお客さまです。お客さまとの関係は**自分を理解してくれて信頼できる相談相手、WIN-WIN**の関係です。

しかし、この**聴く営業**を実践するには、きちんとしたトレーニングが必要です。コミュニケーションの手段には、話す、読む、書く、聞くとありますが、一般的に聞く（聴く）ことを意識してきちんと学んだことがある人は少ないはずです。

あなたも、しっかりトレーニングをして、**しゃべる営業**から**聴く営業**へ転換できれば、必ず成果につながってくるはずです。

2　信頼関係を構築する【営業スキル】

商談におけるコミュニケーションサイクル

お客さまと面談しているときに、円滑なコミュニケーションがとれている状態とはどんな状態でしょうか。

私たちの営業活動の最終的な目的は、お客さまに「商品を購入していただき、安心をしてもらう」ことです。

そのためには「商品が必要だと思ってもらう」ことが必要です。

そのためには、「自分が抱えている問題に気づいていただく」ことが必要です。

そのためには、「現状に対してどのように考えているのかしゃべっていただく」ことが必要です。

このために必要なスキルは、**質問と傾聴**です。つまり営業パーソンが**質問**することによって、お客さまに話をしていただき、営業パーソンが**しっかり聴く＝傾聴するこ**と。この**質問する→話してもらう→しっかり聴く＝傾聴**というサイクルが回ることで、円滑なコミュニケーションがとれることになります。

ここでの主役はお客さまです。お客さま自身に、質問に対して話をしていただくことで現状を認識してもらい、問題に気づいてもらうことができます。

質問のスキル

質問とは会話をリードできるツールです。通常、会話の主導権を握っているのは、質問をする側です。質問することで、相手の思考を質問の内容にフォーカスすることができ、お客さまはこちらの求めている内容について話してくれるようになります。

なぜなら、質問されると人は無意識のうちに質問の内容を考えてしまうという習性があるからです。

そして、質問に答えることを繰り返すことによって徐々に自分の考えが明確になるだけでなく、自分の言葉で話すことで自己説得の効果が生まれ、気づきと納得が得られやすくなります。

また、お客さまのほうがしゃべる時間が多くなることで、さらに気持ちよく話してもらうことが可能になります。一般的に、人は他人の話を聴くことよりも自分が話している方が、気分よく感じるからです。

質問には、大きく2つの種類があります。

ひとつ目は、限定質問（クローズドクエスチョン）です。これは通常、事実や状況などを聞く場合に使います。通常は、イエスかノーで答えられる質問、あるいは答えが限定される質問です。例えば、

「生命保険に加入されていますか？」

「何年くらい前に加入されたのですか？」

「最近はがんも通院で治す時代になってきたのをご存知ですか？」

といった質問です。こちらの知りたいことを質問することによってお客さまの状況を把握することができます。一般的には、

「○○について、ご存知ですか？」

「○○について、ご覧になったことはありますか？」

「○○について、お聞きになったことはありますか？」

という質問です。ただし、この限定質問は何度も使うと詰問になってしまうので注意が必要です。

また話題を変えたいとき、あるいは拡大質問であまり良い反応がない場合にも使うことができます。

2つ目は、拡大質問（オープンクエスチョン）です。これは通常、相手の意見や考えを聞く場合に使います。相手に自分の考えを自由に話してくれるようにする質問で

す。例えば、

「どのような保障内容の保険にご加入ですか？」

「万一病気で働けなくなった場合の対策についてはどのようにお考えですか？」

といった質問です。お客さまに自由に話していただくことで、多くの状況を把握することができます。一般的には、

「○○について、どのようにお考えですか？」

「もう少し詳しくお聞かせいただいてもよろしいですか？」

という質問です。

ラポールの構築

初めて会った人と、趣味が同じだったり、出身地が同じだったりしたことがありませんか？　そんな時、初対面なのに何か親しみが湧いてきませんでしたか？　それは、

類似性の法則が働いているからです。

類似性の法則とは、自分と似たものを好きになるという人間の心理です。人は自分と同質のものを否定することはできません。なぜなら、もし否定したら自分を否定することになるからです。

ラポールとは、この類似性の法則を利用して、コミュニケーションの前提となる相手との信頼関係、心の架け橋を構築するスキルです。ただし、これは小手先のテクニックではなく、あなたが「相手と信頼関係を築きたい」という誠実な気持ちを持つことが大切になります。さらに、人にはこれまで培ってきた経験をもとにした世界観（メンタルモデル）がありますので、この世界観を尊重することも大切なことです。

ラポールを構築するためのスキルには2つあります。

ひとつ目は、ペーシングです。これは相手に合わせるということです。例えば、口調を合わせる、話すスピードを合わせる、呼吸を合わせる、声の大きさを合わせる、話す用語や言葉を合わせる、といったことです。

具体的には、早口のお客さまにはこちらもペースを上げて話します、逆にゆっくり話す方にはこちらもゆっくり話します。声の小さなお客さまには、こちらも声のボリュームを抑えて話します。業界用語の多いお客さまには、こちらも同じ業界用語を使って合わせるといったものです。

２つ目は、ミラーリングです。これは相手の身振りや動作を鏡のように真似ることです。例えば、身振りを真似る、しぐさを真似る、姿勢を真似る、表情を真似る、といったことです。

具体的には、何回も同じ言葉を使うお客さまにはその言葉を使って合わせる、大声で笑うお客さまには声を出して笑いを合わせる、身振り手振りの多いお客さまにはこちらも身振り手振りを使う、表情が豊かなお客さまには喜怒哀楽を顔に出し合わせる、といったものです。

このように、ラポールを構築することができれば、相手との一体感が生まれ、お客さまは安心して話をしてくれるようになります。

傾聴（共感）のスキル

「聞く」と「聴く」はどう違うのでしょうか？

聴くとは、お客さまの立場に立って感情を移入して話を**聴く**ということです。このスキルを「傾聴」と呼んでいます。

一般的に、営業パーソンとして**話す**ことに関心はあっても、**聴く**ことについてはあまり重要視されてこなかったようです。

質問を投げかけるのはいいが、お客さまが何を言っているのかを正確に把握できなければ逆効果になります。そして、この**傾聴**のスキルは多くの場合、意識してトレーニングをしなければ身に付きません。

傾聴の基本となるのは、「お客さまの話の真意を理解して、こちらが聴いていると いうことを態度と言葉で相手に伝える」ことです。お客さまは自分の考えや意志が理解されていると認識することによって、営業パーソンとの信頼関係がさらに深まり、円滑なコミュニケーションを図ることが可能になります。

具体的に、相手との会話において**傾聴**を実践するための４つのスキルがあります。

ひとつ目は【同意】のスキルです。

同意とは、文字通り、お客さまの発言・考えに同意することです。お客さまが「自分と同じ考え方を持っている」と思うことで営業パーソンとの間に信頼感が生まれる効果があります。

まず動作として**あいづち・うなづき**をしっかり行うことです。会話をしていても**あいづち**を打ってくれないと、「本当に私の話を聞いてくれているのか？」と感じるときがあります。反対にちゃんと**あいづち**を打ってくれると、「よく話を聞いてくれている」と感じます。ですから、**傾聴**の第一歩は**あいづち・うなづき**をしっかり行うことです。これがしっかりできるだけでも、コミュニケーションは相当円滑になるはずです。

そして、この**あいづち**を打つことと同時に、相手の話に対して「おっしゃるとおりですね」「私もそう思います」と言葉で同意を表明してあげることです。

2つ目は【理解】のスキルです。

同意と理解は異なります。理解とは、必ずしも同意していないが、話の内容はよくわかります、お気持ちは理解できます、ということです。お客さまは、こちらが理解を示すことで、「自分を認めてくれている」と思うことができ、営業パーソンとの間に親近感が生まれる効果があります。人は誰しも「人に認められたい」という心理を持っているからです。

具体的には、「おっしゃることはよくわかります」「お気持ちはわかります」といった言葉で理解を示してあげることです。

３つ目は【言い換え】のスキルです。

言い換えとは、お客さまの言っていることの趣旨をとらえて言い換えて話をするということです。

具体的には「ということは～ということですね」「つまり～ということですね」という表現になります。これによって、自分の話をきちんと聞いてくれていると感じてもらい、より満足感を持ってもらうことができます。

４つ目は【発展】のスキルです。

発展とは、お客さまの言った内容をさらに発展させ、こちらの意図する方向へつなげていくということです。

具体的には「ということは○○ということも考えられますね」「○○ということになればいいですねえ(ならなくて良かったですね)」という表現になります。これによって、お客さまの気づいていないことを示唆したり、新たなニーズを喚起できることがあります。また、話の方向を、こちらの持って行きたい方向に向ける効果があります。

ここまでの4つのスキルをまとめると、次のような会話になります。

お客さま「最近多くなってきている先進医療にも備えておく必要があるよね」

【同意】「おっしゃる通りですね」

【理解】「そうですね、おっしゃることはよく分ります」

【言い換え】「ということは、治療費を気にすることなく、高額な先進医療も受けることができれば安心ですよね」

【発展】「そうですね、高額な先進医療を受けるためにお子様の教育資金として貯めておいた貯金を取り崩さなければならない、なんていう事態にならないように、給与保障も含めてきちんと備えておく必要がありますよね」

傾聴において最も大切なことは、相手の真意と気持ちを把握することです。感情を移入して聴き、感情を移入した対応を心がけることでお客さまとの円滑なコミュニケーションが可能になります。

座る位置でコミュニケーションは変わる

どこに座るか、座る位置によっても商談の雰囲気が変わります。座る位置によって二人の関係も決まってくるので、商談を成功に導くには重要な要素です。意識的に使い分けるようにしましょう。

①お互いに向かい合って正面に座る

普段、よく見かける座り方ですが、これは交渉を行う時のスタイル。つまり対立的な関係になります。営業パーソンは相手と交渉するのではなく、信頼関係を築いてお手伝いをするのが役割ですから気をつけましょう。

①

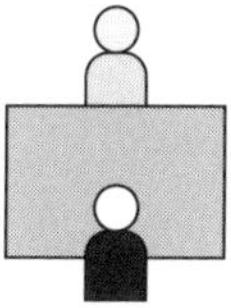

②

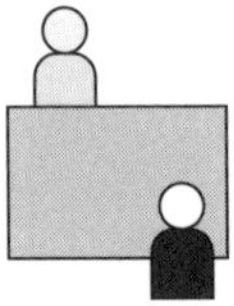

③

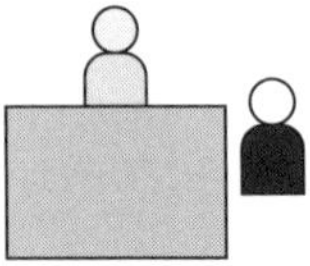

②向かい合っているがやや斜めに座る

同じ正面でも、やや斜めに座ると対立的な関係を避けることができます。あまり緊張感を持つことがなく自然に会話ができる位置です。ビジネスでは向かい合って座らざるを得ないケースが多いと思いますが、このように意識してやや斜めの位置に座るようにすると、円滑なコミュニケーションを図ることができます。

③斜め90度の角度に座る

相手としっかり会話をしながら様々なことをストレスなく考えてもらうには最適なポジションです。距離も近づくので親近感もわきます。できればこの位置に座りたいものです。積極的に活用してみましょう。

④

④横に並んで座る

恋人同士のように最も距離が近くなります。相手の表情は見にくくなりますが、話はしやすい位置です。パンフレットなどを使って説明する際に「ちょっと失礼します」と言って、横に座るのもひとつの方法です。

物理的距離を意識してコミュニケーションを図る

人間関係には物理的距離が大きく影響しています。なぜなら、物理的距離は心理的距離に比例しているからです。相手との物理的距離が近いと心理的距離も近くなります。従って、必要以上に物理的距離をおかないこと、できるだけ意識して距離を縮めることが大切です。

例えば、パンフレットを見せたり、プロシージャーによる情報提供をするときは、物理的距離を縮めるチャンスです。ただし、ビジネスの場面なのに必要以上に近づくと、なわばりを侵されたと感じ不快感を持ちます。

従って、ビジネスの場面において最も親近感をもってコミュニケーションを図るためには、どのくらいの距離が適切なのか知っておく必要があります。

①密接距離

概ね0・5メートル以内、ごく親密な関係の距離になります。手で相手に触れたり、小さな声でコミュニケーションができます。非常に親しい親密な間柄の距離、つまり家族や恋人との関係になります。

②個体距離

概ね0・5〜1・2メートル以内、個人的に親しい間柄の距離です。腕を伸ばせば相手に触れることができる、個人的な用件の会話ができる距離です。友人など親しい間柄の距離です。従って、親しい関係の場合はいいのですが、そうでない場合は不快に感じる距離ですので注意が必要です。また不快に感じる距離には個人差がありますので、この点も注意が必要です。

③社会距離

概ね1・2～3・5メートル以内、会議・商談など個人的でない用件を話すとき、職場の同僚同士の会話、公の場、つまりビジネスにおける距離です。

④公衆距離

概ね3・5メートル以上、講義・講演・演説などの距離です。双方向の会話ができないため一方的なコミュニケーションになる場合が多くなります。

以上のように、ビジネスとしてお客さまに不快感を与えず、かつ円滑なコミュニケーションを図るためには、社会的距離を保ちつつ、その中で時には距離を縮めながら親しい関係を作っていくことが必要になります。

聴く営業が成果を上げる

多くの営業パーソンは、しゃべることには興味があっても、聴くことの重要性を理解している人は少ないようです。

私たちの営業活動において成果を上げるためには、まず営業パーソンはお客さまの状態を知る必要があります。知るためには、質問すること。

質問すれば、話してくれる。

話してくれれば、情報が入る。

情報が入れば、相手を理解できる。

理解できれば、課題がわかる。

課題がわかれば、最善の提案が可能になります。

この過程において、お客さまが自らしゃべることによって、自分が抱えている問題に気づき、その問題を解決する必要を感じることが可能になります。

成果を上げるためには、営業パーソンはしゃべることではなく、質問をして、お客さまにしゃべってもらうこと、その話を心を込めてしっかり聴くこと、つまり傾聴することが必要なのです。

「循環型セールス手法」では、情報提供のあとに話の内容について関心の有無を質問しますが、それもこの聴く営業のスタイルを取り入れているのです。

お客さまは、自分の話を熱心に心を込めて聴いてくれる、聴こうとしてくれる人間には信頼を置くはずです。

こうした基本的ではあるものの、なかなか日々実践できないことを丁寧にやることがお客さまからの信頼を得るうえでは、とても大切なことなのです。

第6章

「売れ続ける仕組みづくり」があなたの会社を30年後につなぐ

存続させるという強い意志を持つ

日本に初めて携帯電話が登場したのは今から34年前の１９８５年です。ＮＴＴから一般向けに初めて発売した「ショルダーフォン」というもので、重さは３kgもあったそうです。あれから34年たった現在、携帯電話は当時では予想もしなかった形に進化しました。

われわれの業界に目を転じれば、１９９６年の保険自由化から20年ほどしか経過していませんが、この間の保険業界全体における変化も物凄い勢いで進んでいると実感されていると思います。

では、これから30年後の保険業界、保険代理店はどうなっているのでしょうか。もしかしたら、それは誰も予測できないかもしれません。

しかし、私たちは30年後も現在の代理店（企業）を存続・発展させていく必要があります。経営者として、自社で雇っている社員とその家族に対する責任はもちろん、加入していただいているお客さまに対しても責任があるからです。

「30年後のことなんか分からない」と言ってしまっては、何の対策も取ることができません。30年後も存続させるという強い意志があって初めて、5年後、10年後に向けてどうしたらいいかということが描けるのです。

変化の適応者になるために

分かっていることは日本の人口は間違いなく減少し、それにともなってマーケットも縮小していくこと、そして高齢化していくことです。しかし、マーケットがゼロになることはありませんし、保険の必要性がゼロになることもありません。

要は、この環境の変化にいかに適応し、お客さまから選ばれる存在になっていくか。ダーウィンの進化論のように「強い者が生き残るのではない、変化に適応できる者が生き残る」ということです。

では、どのように変化したらいいのでしょうか。そのひとつの答えが「売れ続ける仕組みづくり」なのです。

「売れ続ける仕組みづくり」は、「戦略」と「戦術」で構成されています。

まず中心となる「戦略」は、「ランチェスター戦略」に基づく「地域密着と差別化による販売戦略」です。そして、その「戦略」を実行に移すための「戦術」として、「常にお客さまから相談がくる営業手法」「信頼関係を構築する営業スキル」があります。

この3つが相互にかつ効果的に融合することにより相乗効果が発揮されます。

いくら「戦略」が良くてもそれを実行する「戦術」がなければ意味がありません。また「戦術」が良くても「戦略」が悪ければ勝つことはできません。「戦略」と「戦術」は一貫性を持って、かつ一体となって運営されることによって、はじめて効果を発揮します。

あなたの代理店が30年後に向けて生き残るために、ぜひ、「売れ続ける仕組みづくり」に取り組んでみてください。

おわりに

この「売れ続ける仕組みづくり」を代理店経営の仕組みとして、さらに落とし込んでいくには、会社運営の規則やルール、人事評価制度など全体最適の観点からも経営の変革を実践していく必要があります。

そして、会社からの押し付けではなく、社員全員が生き残りをかけた課題認識とあるべき姿について共有し、自立的に代理店経営に参画していく仕掛けやモチベーションを維持・向上していくための仕掛けなど、様々な経営手法と融合をしていくことで、実現していくものです。

従って、10年後、30年後を見据えた中長期的な視点から、「売れ続ける仕組みづくり」を捉えていくことが肝要です。

これまでご支援をさせていただいた中で残念な事例は、成果を急ぎ過ぎて、途中で経営者の方があきらめてしまうケースでした。循環型セールスの導入、浸透、定着にチャレンジをされたにもかかわらず、代理店経営者が研修を受講したのみで、社内に正しい形で周知徹底やマネジメントができていないとか、逆に従業員のみが研修を受講し、代理店経営者が正しい認識をしないまま、従業員に循環型セールスの基本的な考え方とは合致しないマネジメントをしてしまうなどをして、結果、なかなか継続して実践できないというケースが見受けられました。

中長期的な展望を踏まえたチャレンジであるものの、正しい認識のもと、それぞれの代理店に合った形で、工夫をしながら継続して取り組めば、必ずや早い段階で成果が期待できるものと思います。

一方で、経営方針をぶれさせることなく、やり続けてきた代理店では、着実に収益基盤の強化を図っています。

特効薬のように即効性があるものは、副作用のリスクも大きいものです。それもひとつの選択かとは思いますが、やはり永続的に発展しつづける代理店経営をめざすのであれば、お客さまとの関係性を強化していくことに焦点を当て、そこから代理店経営はどうあるべきなのかを考えていくことが大切だと思います。

「売れ続ける仕組みづくり」は、すべてお客さまとの関係性を起点に組み立てられています。多くの代理店の方々のお役に立つことができれば、弊社としましては、最大の喜びです。

そして、この「売れ続ける仕組みづくり」は、業種・業態を問わず、どの企業においても活用できる内容ですので、多くの企業のお役に立てれば幸いです。

■参考文献

『図解で身につくランチェスター戦略』 NPOランチェスター協会 編著（中経文庫）
『営業で勝つ！ランチェスター戦略』 福永 雅文 著（PHPビジネス新書）
『弱者が強者に勝つ方法』 福永 雅文 著（PHP研究所）
『保険代理店ビジネス43の常識』 宮宇地 覚 著（新日本保険新聞社）
『次世代の代理店経営モデル』 宮宇地 覚 著（新日本保険新聞社）
『変化を乗り切る保険代理店経営』 横山 隆美／宮宇地 覚 著（新日本保険新聞社）

【著者紹介】

佐々木篤史　セブンスターズコンサルティング株式会社　代表取締役

独立行政法人 中小企業基盤整備機構 2019 年度実務支援アドバイザー／特定非営利活動法人 ランチェスター協会 認定インストラクター／一般社団法人 日本地域活性化推進機構 専門家メンバー／日本リスクマネジャー＆コンサルタント協会 リスクコンサルタント

京都府京都市出身。損害保険会社の勤務を経て、2017 年 10 月、セブンスターズコンサルティング㈱を設立。保険代理店等、中小・中堅企業から大企業に至るまで営業戦略、営業手法・プロセス、営業スキルトレーニングの観点から営業力強化のための支援を中心に活動をしてきた経験をもとに「営業力強化支援経営コンサルタント」として活動中。『売れ続ける仕組みづくり』をテーマに、保険・証券、士業・コンサルティング、介護・保育、卸・小売り等の物品販売など様々な業種・業態の企業に課題解決型のオーダーメイドの経営支援プログラムを提供している。

平野芳生　シニアコンサルタント

北海道小樽市出身。損害保険会社の営業部門にてマネジャー及び営業推進業務を経験。その後、営業部門社員及び代理店・セールスパーソンを対象としたトレーニング部門にて教育体系の立案を始め各種営業向けトレーニングを企画・実施。2017 年 10 月、セブンスターズコンサルティング株式会社設立に参画。『売れ続ける仕組みづくり』をテーマに、様々な企業に課題解決型のオーダーメイドの経営支援プログラムを提供している。

売れ続ける仕組みづくり～あなたの会社を 30 年後につなぐ～

2019 年 5 月 24 日　初版発行　　　　定価（本体 1,450 円 + 税）

著者　佐々木篤史　平野芳生

企画　金井秀樹

編集　濱田さち

発行者　今井進次郎

発行所　株式会社　新日本保険新聞社

〒 550-0004　大阪市西区靭本町 1 - 5 -15
TEL　(06) 6225-0550
FAX　(06) 6225-0551
ホームページ　https://www.shinnihon-ins.co.jp/

印刷製本　株式会社　廣済堂

ISBN978-4-905451-82-2